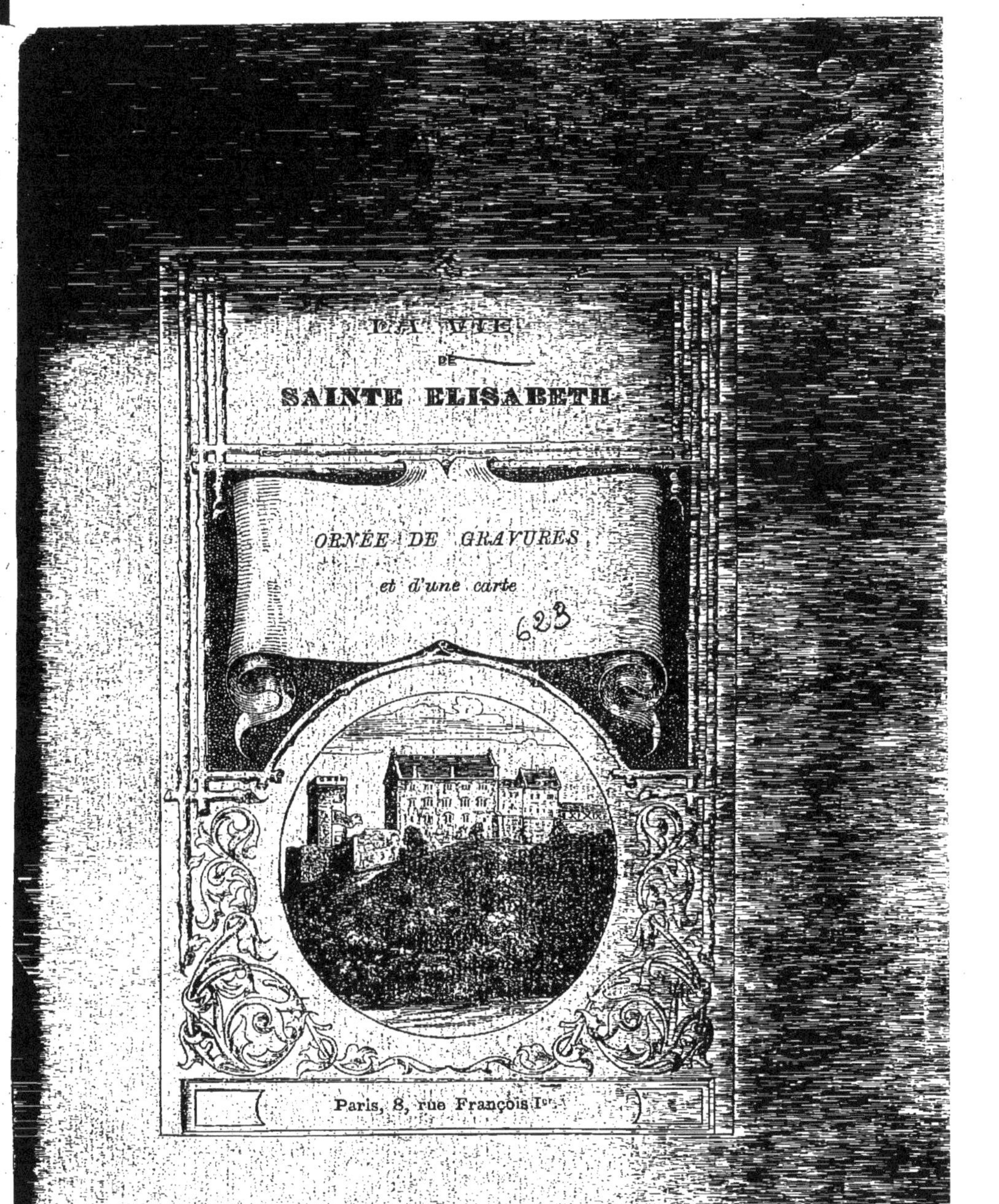
LA VIE
DE
SAINTE ELISABETH
ORNÉE DE GRAVURES
et d'une carte
Paris, 8, rue François Ier

VIE
DE
SAINTE ÉLISABETH

Comment me faire pardonner d'avoir profané l'œuvre de M. le comte de Montalembert, de m'être approprié une partie de ses récits, et, en maints endroits, son style même?

Comment lui faire l'injure de dire que mon œuvre est un extrait de la sienne?

Aussi n'a-t-elle pas cette prétention; elle a seulement celle d'être une œuvre de mère de famille qui désire mettre à la portée des enfants les trésors d'intérêt et de bons exemples que nous donne l'illustre écrivain; et, au lieu de son courroux dont je ne suis pas digne, j'espère obtenir quelques-uns de ses sourires quand, du haut du ciel, il verra ses petits-enfants apprendre dès le bas âge à aimer la chère sainte Élisabeth et de s'efforcer de marcher sur ses traces.

UNE MAMAN.

Sancta Elisabeth.
VIE
DE
SAINTE ÉLISABETH
Paris, 8, rue François Ier.

1887

Paris, — E. Deguy, imprimeur *gérant*, 8, rue François Ier.

INTRODUCTION

Je suis sûre, mes chers enfants, que vous aimez beaucoup les contes de fées; mais cependant n'avez-vous pas quelque fois dit à vos mamans : « Quel dommage que toutes ces jolies histoires ne soient pas vraies! » Eh bien! mes chers petits, moi je vais vous raconter des histoires beaucoup plus jolies, beaucoup plus extraordinaires que les plus jolis, que les plus extraordinaires contes de fées, et ces histoires seront vraies, très vraies, si vraies que jamais vous n'en trouverez de plus vraies, car ce ne sont pas des histoires inventées pour amuser les enfants; mais c'est l'histoire très véritable des meilleurs amis du Bon Dieu.

Je commencerai par sainte Élisabeth, ma patronne. Et d'abord, savez-vous ce que c'est qu'un Saint?

Un Saint est un homme comme vous, comme moi, seulement bien meilleur que vous, bien meilleur que moi. Il aime beaucoup le Bon Dieu, il fait tout pour lui plaire, et Dieu lui accorde en récompense presque tout ce qu'il demande, même ces choses si étonnantes qu'on appelle des *miracles*.

Si vous voulez, vous pouvez devenir des Saints, et Dieu peut-être ne vous refusera pas ces choses merveilleuses. Essayez un peu.

Et qu'est-ce qu'un *patron?* Un patron est le saint dont nous portons le nom et qui est chargé de nous protéger.

Je m'appelle Élisabeth, sainte Élisabeth est ma patronne. Vous, si vous vous appelez Pierre, saint Pierre est votre patron. Un grand patron celui-là, car c'est le premier pape. Il a fait beaucoup de miracles, le grand saint Pierre, et, si vous êtes très sages, je pourrais bien un jour vous raconter son histoire.

Mais vous avez bien envie que je commence, car les petits enfants sont très impatients.

Je commence donc :

VIE

DE

SAINTE ÉLISABETH

CHAPITRE PREMIER

NAISSANCE ET BAPTÊME DE SAINTE ÉLISABETH

Sainte Élisabeth est née, il y a très longtemps, en l'année 1207. Dans ce temps-là, le pape s'appelait Innocent III, et le roi de France, Philippe-Auguste. L'Allemagne était gouvernée par l'empereur Othon IV, de Brunswick. Le père de sainte Élisabeth s'appelait André II. Il était roi de Hongrie. Sa mère se nommait Gertrude.

Tous deux furent très contents quand le Bon Dieu leur donna cette fille. Ils voulurent qu'elle devînt bien vite une petite chrétienne en recevant le baptême. La cérémonie fut magnifique. L'enfant fut portée à l'église sous un dais fait avec les plus belles étoffes d'or et d'argent que l'on put trouver, car André II était un roi très puissant et très riche.

CHAPITRE II

PREMIÈRE ENFANCE D'ÉLISABETH

A l'âge ou les autres enfants ne connaissent et n'aiment encore personne, Élisabeth montrait déjà qu'elle aimait le Bon Dieu de tout son petit cœur. Les noms de Jésus et de Marie furent les premiers qu'elle sut bégayer, et, longtemps avant de pouvoir dire autre chose, elle récitait déjà des prières.

Elle aimait tendrement les pauvres, et était si bonne, si sage et si pieuse, qu'on la regardait comme l'ange de tout le pays. Et on avait bien raison, car, avant sa naissance, il y avait eu beaucoup de guerres, et les habitants de la Hongrie étaient très méchants, mais depuis que la petite Élisabeth priait Dieu si bien, tout le monde en Hongrie devenait bon et pieux.

Oh ! si tous les petits enfants de ma connaissance voulaient prier de tout leur cœur, au lieu de regarder les mouches voler pendant leurs prières, combien moins le Bon Dieu serait offensé !

CHAPITRE III

LE DUC HERMANN, LE POÈTE KLINGSOHR ET LE MOINE AVEUGLE

Pendant qu'André II était roi de Hongrie, la Thuringe était gouvernée par le duc Hermann, qu'on appelait aussi

Le château de la Wartbourg en Thuringe, côté du Sud.

le landgrave. Il habitait le château de la Wartbourg, situé sur une montagne au-dessus de la ville d'Eisenach.

Or, il arriva qu'un poète venu de Hongrie et nommé Klingsohr, se trouvant en Thuringe, dit un jour : « Je « vous apprendrai quelque chose de nouveau et de joyeux « aussi ; je vois une belle étoile qui s'élève en Hongrie et « qui rayonne de là à Marbourg, et de Marbourg dans le « monde entier. Sachez que, cette nuit même, il est né « à monseigneur le roi de Hongrie une fille qui sera « nommée Élisabeth, qui sera donnée en mariage au fils « du prince d'ici, qui sera sainte et dont la sainteté « réjouira et consolera toute la chrétienté. »

Le landgrave fut bien étonné. Vite il s'informa s'il était né une petite princesse en Hongrie, et, comme cela était vrai, chaque fois que des voyageurs venaient de ce pays-là, il demandait des nouvelles d'Élisabeth.

Il vint aussi un bon moine : il raconta que, étant aveugle depuis quatre ans, il avait été subitement guéri par la jeune princesse.

« Toute la Hongrie, ajouta-t-il, se réjouit de cette « enfant ; elle a apporté la paix avec elle. »

CHAPITRE IV

L'AMBASSADE

Vous jugez, mes enfants, si le duc fut content ! Il fut même si content que ne pouvant plus maîtriser son impatience de connaître cette merveilleuse enfant, il résolut de l'envoyer demander à son père pour la faire élever avec son fils dont elle devait devenir plus tard la femme.

Or, il faut vous dire que, dans ce temps-là, il était d'usage d'élever ensemble comme le sont un frère et une sœur, les princes et les princesses destinés à se marier.

Le duc Hermann envoya donc en Hongrie un grand nombre de seigneurs et de dames, très richement habillés et suivis d'au moins trente hommes à cheval. Eux-mêmes étaient aussi à cheval.

A cette époque, on ne voyageait pas en chemin de fer, ni même en voiture.

Tout le monde admirait cette belle cavalcade, et tous les seigneurs, les comtes et les ducs venaient la saluer à leur passage, car on la savait envoyée par le landgrave, et le landgrave Hermann était connu dans toute l'Allemagne. Les ambassadeurs traversèrent ainsi beaucoup de pays et furent longtemps en route; la Hongrie était très loin de la Thuringe, ainsi que vous pouvez le voir sur cette carte. Enfin, ils arrivèrent à Presbourg, où ils trouvèrent une hospitalité royale; dès le lendemain, ils assistèrent à un grand nombre de messes pour demander à Dieu de bénir leur entreprise, après quoi ils exposèrent au roi de Bavière le but de leur voyage.

CHAPITRE V

ANDRÉ II ASSEMBLE SON CONSEIL — DISCOURS DE KLINGSOHR

Le roi aussitôt assembla son conseil, auquel assista Klingsohr, ce poète qui avait prédit la naissance d'Élisabeth et que vous n'avez sans doute pas oublié. Il prit la

Carte d'Europe orientale au temps de sainte Élisabeth
pour servir à ce récit.

parole et raconta qu'Hermann était un très puissant seigneur, que douze comtes étaient ses vassaux sans compter les barons et les chevaliers, qu'il possédait beaucoup de bonnes forteresses, que le pays était fertile, bien cultivé, entouré de belles forêts, garni d'étangs pleins de poissons, que le peuple était aisé, qu'il buvait de la bière et mangeait du pain blanc.

Boire de la bière et manger du pain blanc ! cela, mes enfants, vous paraît peut-être tout naturel ; mais alors les pauvres étaient encore bien plus pauvres que maintenant, et, maintenant encore, beaucoup de pauvres gens mangent du pain noir et boivent de l'eau.

Il y a autre chose que vous n'avez pas compris dans le discours de Klingshor, vous ne savez pas ce que c'est que des vassaux ? C'est un peu difficile à vous expliquer ; cependant je vais essayer. Si les plus petits ne comprennent pas, les plus grands comprendront. Je l'espère du moins. Écoutez bien.

CHAPITRE VI

LES SEIGNEURS — LES VASSAUX — LES SERFS LA FÉODALITÉ

L'Allemagne et la France, et d'autres pays encore, étaient gouvernés par des rois, des ducs, des comtes et des barons, qui tous étaient des seigneurs plus ou moins puissants. Les moins puissants étaient les vassaux des plus puissants, et les plus puissants n'étaient les vassaux de personne.

Ainsi le roi de France qui était, vous le pensez bien, le premier seigneur du royaume, n'était le vassal de personne, et c'était le duc de Normandie, le duc de Bourgogne et beaucoup d'autres puissants seigneurs qui étaient ses vassaux; mais, à leur tour, le duc de Normandie, le duc de Bourgogne et les autres avaient des vassaux qui eux-mêmes en avaient aussi, et, quant aux plus petits seigneurs, ils n'avaient pas de vassaux du tout, ils n'avaient que des serfs.

C'est ainsi que vous, mes petites filles, vous êtes les filles de vos mamans, et les mamans de vos poupées, qui ne sont les mamans de personne.

Le vassal était obligé de suivre à la guerre son suzerain, c'est-à-dire son seigneur, de lui amener des soldats, de lui rendre foi et hommage. Dans une grande cérémonie, à laquelle assistaient les principaux seigneurs du pays, le vassal, mettant ses deux mains dans celles de son suzerain, lui disait : « Dorénavant je suis votre fidèle et votre homme et je jure de conserver fidèlement votre vie, vos membres et votre honneur. » Puis il baisait le pied de son suzerain, cela s'appelait rendre foi et hommage.

Du reste, le suzerain s'engageait aussi à protéger son vassal. Dans ce temps-là, il n'y avait ni gendarmes, ni sergents de ville, ni gardiens de la paix. Chaque seigneur avait ses soldats; son château s'appelait une forteresse ou un château fort, parce qu'il était entouré de murailles élevées et de fossés qui empêchaient l'ennemi d'y pénétrer. Les soldats étaient pour la plupart les serfs des seigneurs, et les serfs étaient des paysans qui appartenaient au seigneur, qui cultivaient la terre pour le seigneur, et étaient obligés de le suivre à la guerre. Un serf ne pouvait se marier sans la permission de son seigneur, et était soumis à beaucoup d'autres choses encore. Le seigneur devait nourrir ses serfs les défendre, et être bon pour eux; mais il ne l'était pas toujours, et, dans ce cas-là, les pauvres serfs qui ne pouvaient pas changer de maîtres étaient bien malheureux.

Aussi l'Église, notre mère, chargée par Notre-Seigneur d'apprendre aux hommes qu'ils sont tous frères et qu'il n'est pas juste qu'un homme appartienne à un autre homme comme sa maison et son champ lui appartiennent, l'Église a commandé aux seigneurs chrétiens d'être bons pour leurs serfs; et elle leur en a donné elle-même l'exemple, car les serfs les plus heureux étaient ceux qui étaient attachés aux terres des couvents.

Chaque année, un grand nombre d'entre eux étaient affranchis.

Affranchir un serf, cela signifiait lui donner la liberté et y ajouter un peu de terre afin qu'il eût de quoi vivre.

L'Église conseillait aussi aux seigneurs d'affranchir leurs serfs; puis, aussitôt que cela fut possible, elle établit qu'il n'y aurait plus de serfs du tout, et que tout le monde était libre.

Cela ne voulait pas dire qu'il n'y aurait plus ni pauvres, ni domestiques, puisque le Bon Dieu lui-même a décidé qu'il en serait autrement; mais la volonté de l'Église est que les maîtres chrétiens soient bons pour leurs serviteurs, que les serviteurs chrétiens soient respectueux envers leurs maîtres, et que, si les maîtres maltraitent leurs serviteurs, les serviteurs aient le droit d'en changer.

Maintenant, mes enfants, vous savez ce que c'est qu'un seigneur, un vassal et un serf. Il ne me reste plus qu'à vous dire que, quand on parle des seigneurs, des vassaux et des serfs, on parle de la féodalité, et que l'époque où ils vivaient s'appelle l'*époque de la féodalité.*

Revenons maintenant au discours de maître Klingsohr.

CHAPITRE VII

FIN DU DISCOURS DE KLINGSOHR — DÉPART D'ÉLISABETH

Klingsohr disait donc que douze comtes étaient les vassaux du landgrave Hermann. Cela prouvait qu'il était très puissant. Il fit, en outre, le plus grand éloge du caractère du duc, et ajouta que son fils paraissait posséder toutes les qualités que l'on pouvait demander à son âge.

Le roi avait le cœur bien gros; mais, comme tout le monde, après avoir entendu Klingsohr, fut d'avis de donner la petite Élisabeth, il y consentit; seulement il voulut, avant son départ, offrir de grandes fêtes en son honneur. Pendant trois jours, il y eut des jeux, des danses et surtout de la musique. Les ménestrels chantèrent des vers en l'honneur du roi, d'Élisabeth et du landgrave.

Mais enfin les ambassadeurs voulurent partir et le roi fit apporter la petite Élisabeth qui n'avait encore que quatre ans. Elle était enveloppée d'une longue robe de soie brodée d'or, et couchée dans un berceau d'argent massif.

Le roi dit au sire de Varilla, l'un des envoyés d'Hermann : « Je confie à ton honneur de chevalier ma consolation suprême. »

La pauvre reine Gertrude lui recommanda aussi sa chère petite enfant ; puis elle l'embrassa une dernière fois en pleurant.

Avant de quitter Presbourg, les ambassadeurs reçurent une foule de présents, tant pour eux-mêmes que pour le duc Hermann. Il y avait des vases d'or et d'argent, des cassettes d'ivoire sculptées, des diadèmes, des guirlandes de pierres précieuses, des bagues et des ceintures garnies de bijoux, des vêtements et des garnitures de lit magnifiques. Il y avait aussi pour Élisabeth une jolie petite baignoire en argent et six chevaux.

Les ambassadeurs étaient venus avec deux voitures, et ils s'en retournèrent avec treize ; ils emmenèrent aussi treize nobles demoiselles de Hongrie destinées à être les compagnes d'Élisabeth.

CHAPITRE VIII

RETOUR DE L'AMBASSADE — LES FIANÇAILLES

Le duc Hermann et la duchesse Sophie n'avaient pas été prévenus, ni par le télégraphe, ni par le téléphone du succès de leur ambassade, par la très bonne raison que, dans ce temps-là, il n'y avait ni télégraphe ni téléphone ; aussi attendirent-ils très longtemps. Mais, enfin, un beau jour, un homme à cheval arriva en toute hâte leur annoncer que les ambassadeurs étaient tout près et qu'ils amenaient la petite Élisabeth.

Aussitôt le duc et la duchesse se jetèrent à genoux pour remercier Dieu ; puis ils allèrent au-devant de l'enfant ; le duc la prit dans ses bras et la pressa contre son cœur, et la duchesse passa toute la nuit auprès d'elle.

On réunit ensuite les habitants d'Eisenach, et on célébra solennellement les fiançailles du petit Louis et de la petite Élisabeth. Il y eut des banquets et des danses, et les ménestrels firent entendre leurs plus jolis chants.

CHAPITRE IX

MORT DE LA REINE GERTRUDE — SAGESSE ET PIÉTÉ D'ÉLISABETH

Élisabeth avait quitté ses parents depuis deux ans seulement, quand elle eut le chagrin d'apprendre la mort de sa mère, la reine Gertrude, que de méchantes gens avaient assassinée. La pauvre enfant eut bien du chagrin, mais elle chercha dans la prière les consolations que Dieu seul sait donner. Chaque fois qu'elle le pouvait, elle entrait dans la chapelle du château et, prosternée au pied de l'autel, elle se faisait ouvrir un grand livre de prières que l'on appelle un psautier. Elle ne savait pas encore lire, la chère enfant, mais elle joignait ses petites mains et levait ses yeux vers le ciel, tandis que son cœur et ses lèvres parlaient à Dieu.

En jouant avec ses compagnes, par exemple, en sautant sur un pied, elle allait du côté de la chapelle, et quand elle la trouvait fermée, elle baisait la serrure, la porte et les murs par amour pour Jésus qui habite dans nos églises.

Arrivée à la Wartbourg de l'ambassade
du duc Hermann ramenant la petite Élisabeth
fiancée au prince Louis.

Elle était gaie, elle jouait très volontiers comme doivent le faire toutes les bonnes petites filles, mais la pensée de Dieu ne la quittait jamais. Tout ce qu'elle faisait, elle le faisait pour lui; aussi quand il lui arrivait de gagner au jeu, elle donnait tout cet argent aux pauvres en leur imposant de dire pour elle un certain nombre d'*Ave Maria*.

Ses petites compagnes n'étaient malheureusement pas aussi pieuses qu'elle; aussi la pauvre petite Élisabeth ne pouvait pas faire toujours autant de prières et de génuflexions qu'elle l'aurait voulu. Mais alors, usant d'une bien innocente ruse, elle disait aux autres petites filles : « Couchons-nous par terre et voyons laquelle de nous est la plus grande. » Puis, s'étendant successivement à côté de chacune d'elles, elle profitait vite de cet instant pour réciter un *Ave Maria*.

Elle s'était promis de dire un certain nombre de prières chaque jour, et quand on l'envoyait coucher avant qu'elle eût fini, elle obéissait bien vite, mais, dans son lit, elle achevait toutes ses prières. Souvent elle conduisait ses petites amies au cimetière et leur disait : « Souvenez-vous qu'un jour nous ne serons que poussière. Ces gens ont été vivants comme nous le sommes et ils sont maintenant morts comme nous le serons ; c'est pourquoi il faut aimer Dieu. Mettons-nous à genoux, et dites avec moi : « Seigneur, par votre mort cruelle et par votre chère Mère, Marie, délivrez ces pauvres âmes de leur peine; Seigneur, par vos cinq plaies sacrées, faites-nous sauves. »

Ses petites compagnes faisaient ce qu'elle leur disait, et

le Bon Dieu qui aime tant les prières des petits enfants, était certainement très content d'elles.

Aussi les petites compagnes d'Élisabeth racontaient-elles que l'Enfant-Jésus venait souvent la trouver, la saluait tendrement et jouait avec elle.

Le petit Enfant-Jésus ne se montre pas ainsi à tous les enfants qui le prient bien ; cependant il est certainement auprès de tous ceux qui pensent à lui et, sans qu'ils le voient, il les salue aussi amicalement qu'il saluait la petite Élisabeth. Quant à elle qui ne voulait plaire qu'au Bon Dieu et qui ne voulait pas du tout faire croire qu'elle était meilleure que les autres, elle défendait bien à ses compagnes de raconter de pareilles choses.

CHAPITRE X

CHARITÉ D'ÉLISABETH — COMMENT L'APÔTRE SAINT JEAN DEVIENT SON PATRON SPÉCIAL

Élisabeth ne se contentait pas de donner aux pauvres tout ce qu'elle possédait, mais encore elle se faisait mendiante pour eux, et allait dans les cuisines et offices du château pour y chercher de quoi les nourrir. Jamais elle ne refusait l'aumône, mais elle donnait doublement quand on lui demandait au nom de saint Jean.

Saint Jean était, comme vous le savez, un des douze apôtres. C'est celui dont il est dit dans l'Évangile que *Jésus-Christ l'aimait*, ce qui ne veut pas dire qu'il n'aimait pas les autres, mais qu'il avait une prédilection pour celui-là. Et il le lui montra bien, lorsque, du haut de la croix il lui confia la Très Sainte Vierge en lui disant : « Voilà votre mère, » et à Marie : « Voilà votre fils. »

La petite Élisabeth savait tout cela ; elle savait aussi que, le Jeudi saint, Notre-Seigneur avait permis à saint Jean de reposer sur sa poitrine ; elle savait que saint Jean aimait beaucoup Notre-Seigneur et avait écrit de Lui le bel Évangile qui s'appelle l'*Évangile selon saint Jean.* Pour toutes ces raisons, elle aimait cet apôtre plus que tout autre et elle le priait avec toute la ferveur possible lui demandant de lui apprendre à aimer Notre-Seigneur autant que lui-même l'avait aimé sur la terre. Aussi fut-elle bien contente un jour.

Il était alors d'usage parmi les princesses et les jeunes filles nobles de tirer au sort un apôtre qui devenait leur patron spécial. Élisabeth, comme vous le pensez bien, désirait vivement que le sort lui donnât saint Jean, et elle se mit à prier avec ferveur afin de l'obtenir.

Pour tirer au sort, on se servait de douze cierges sur chacun desquels était inscrit le nom d'un apôtre : on les mêlait les uns avec les autres et chaque jeune fille venait en prendre un au hasard.

Deux fois Élisabeth renouvela l'épreuve, et, chaque fois, la Providence lui donna le cierge de saint Jean. Jugez si elle fut contente ! Quant à moi, je crois qu'elle en sauta de joie.

CHAPITRE XI

SIMPLICITÉ D'ÉLISABETH — SA MORTIFICATION DANS SES JEUX

Élisabeth n'était pas comme beaucoup de petites filles de ma connaissance qui aiment la toilette et qui, le dimanche, pensent plutôt à mettre leur beau chapeau qu'à prendre leur livre de prières; elle, au contraire, pour paraître plus simple et plus humble devant Dieu, ôtait pendant la messe ses gants et les manchettes lacées que l'on portait alors, et se montrait en tout simple et sans prétention.

Dans ses jeux, au lieu de vouloir commander aux autres, elle s'accoutumait pour l'amour de Dieu à briser sa volonté; et quand le succès la rendait toute joyeuse, elle s'arrêtait tout à coup : « Maintenant que je suis en veine de bonheur, disait-elle, je vais m'arrêter pour l'amour de Dieu. »

Elle aimait beaucoup la danse; mais, après avoir fait un tour : « C'est assez d'un tour pour le monde, disait-elle; je me priverai des autres en l'honneur de Jésus-Christ. »

CHAPITRE XII

MORT DU DUC HERMANN — ÉPREUVES D'ÉLISABETH

Élisabeth avait à peine neuf ans quand le duc Hermann mourut. Ce fut pour elle un grand malheur, car le landgrave la chérissait, et, en sa présence, personne n'eût osé lui faire de la peine, tandis que la duchesse Sophie était une très méchante femme, qui n'aimait pas du tout Élisabeth. Au lieu de remercier le Bon Dieu de lui avoir donné une petite fille si bonne et si pieuse, elle la tourmentait et la grondait toujours de tant prier.

Cela vous étonne, mes chers enfants, et moi aussi, car, en général, les parents sont très contents quand ils voient leurs enfants devenir bons et pieux. Ils pensent que Dieu, après les avoir bénis sur la terre, leur donnera une belle place dans le paradis, et que peuvent-ils souhaiter de mieux? Mais Dieu permit sans doute qu'Élisabeth fût ainsi tourmentée pour la rendre encore plus sainte, car vous savez que plus on souffre en ce monde, plus le Bon Dieu vous aime.

Ce n'était pas seulement la duchesse Sophie qui tourmentait la pauvre Élisabeth. C'était aussi Agnès, sa belle-sœur, qui disait qu'elle n'était pas faite pour être une princesse, mais une servante. Les autres petites filles parlaient comme Agnès. Elles étaient jalouses de voir qu'Élisabeth était bien meilleure qu'elles, et c'était un bien vilain sentiment que vous n'aurez jamais, mes chers enfants car il déplaît beaucoup au Bon Dieu, qui veut que vous soyez bien contents de voir vos camarades le bien servir. Bientôt toute la cour, tous les officiers et les seigneurs se moquèrent des saintes habitudes de la chère petite sainte. Ce n'est pas une princesse, disait-on. C'est que, en effet, Élisabeth était plus qu'une princesse de la terre. Elle était destinée à devenir une princesse du ciel, et c'est pourquoi elle méprisait la gloire et la parure, s'occupait uniquement des pauvres et ne répondait que par la patience aux injures dont on l'accablait.

Un jour, c'était le jour de l'Assomption, Sophie dit à Agnès et à Élisabeth :

« Mettez vos plus beaux habits et vos couronnes d'or, et allons à l'église. » Les deux jeunes filles se parèrent comme on le leur avait commandé, mais lorsqu'Élisabeth se fut agenouillée et que ses yeux rencontrèrent l'image de Jésus-Christ crucifié, la chère enfant ôta sa couronne et se prosterna le visage contre terre.

Aussitôt la duchesse Sophie lui dit avec colère :

« Qu'avez-vous donc, mademoiselle Élisabeth ? qu'allez-vous faire de nouveau ? Voulez-vous encore que tout le monde se moque de vous ? Les demoiselles doivent se tenir droites et ne pas se jeter par terre comme des folles ou des vieilles nonnes qui se laissent tomber à la manière des rosses fatiguées. Ne pouvez-vous pas agir comme nous, au lieu d'agir comme des enfants mal élevés ? Est-ce que votre couronne est trop lourde ? A quoi sert de rester ployée en deux comme un paysan ?

— Chère dame, répondit humblement Élisabeth, ne m'en voulez pas. Voici devant mes yeux mon Dieu et mon roi, ce doux et miséricordieux Jésus qui est couronné d'épines aiguës ; et moi qui ne suis qu'une vile créature, je resterais devant lui couronnée de perles, d'or et de pierreries ! ma couronne serait une dérision de la sienne. »

Et elle se mit à pleurer amèrement, non pas d'avoir été grondée, mais parce que la sainte enfant ne pouvait songer aux douleurs de Jésus crucifié sans aussitôt verser des larmes.

Sophie et Agnès qui étaient des hypocrites, mirent

leurs manteaux devant leurs yeux pour faire croire à tout le monde qu'elles étaient aussi pieuses qu'Élisabeth, et qu'elles pleuraient comme elle, ce qui certes était bien mal car jamais on ne doit chercher à paraître meilleur que l'on n'est véritablement. C'est bien bête d'ailleurs; peu importe ce que les hommes pensent de nous! quant au Bon Dieu, il lit au fond des cœurs.

Plus Élisabeth devenait bonne, plus tout le monde la tourmentait et parlait de la renvoyer en Hongrie. Un jour Agnès lui dit: « Madame Élisabeth, si vous vous figurez que Monseigneur mon frère vous épousera, vous vous trompez fort, ou bien il faudra que vous deveniez tout autre que vous n'êtes.

Élisabeth ne répondait rien : elle se prosternait au pied de son crucifix, et demandait à Dieu la force de tout supporter pour son amour.

CHAPITRE XIII

LOUIS EST ARMÉ CHEVALIER

Dans un précédent chapitre, mes enfants, je vous ai dit ce qu'était un seigneur, mais je ne vous ai pas dit que ce seigneur était servi par des jeunes gens nobles qui venaient apprendre auprès de lui le métier des armes, alors celui de toute la noblesse.

Page à l'âge de sept ans, l'enfant noble servait à table, versait à boire, accompagnait partout le châtelain et la châtelaine. Avant d'être fidèle et courageux lui-même, il apprenait d'eux à honorer la fidélité et le courage.

A quatorze ans, le page devenait écuyer. Son père et sa mère le conduisaient à l'autel pour recevoir une épée que le prêtre bénissait et lui attachait au côté.

Le jeune écuyer apprenait à soigner et à dresser les chevaux, et quand son maître le trouvait assez fort, assez brave et assez bon cavalier, il l'emmenait à la guerre.

L'écuyer tenait l'étrier de son seigneur, portait son casque et menait derrière lui les chevaux de bataille. Pendant le combat et si son cheval était harassé de fatigue, il lui en présentait un autre et changeait ses armes couvertes de sang contre de nouvelles. S'il tombait, il l'aidait à se relever et parait les coups dont son maître était menacé.

Le page restait sept ans page avant de devenir écuyer; de même l'écuyer restait sept ans écuyer avant de devenir *chevalier*.

La réception d'un chevalier était une très belle cérémonie.

Après s'être confessé et avoir communié, le jeune écuyer s'agenouillait devant l'autel. Le prêtre l'exhortait à n'user de la lance de chevalier que pour défendre la veuve et l'orphelin pour faire une guerre loyale, pour servir fidèlement son seigneur. Les chevaliers et les dames lui mettaient ses éperons, sa cotte de maille et sa cuirasse; puis le seigneur lui donnait trois coups de plat de sabre de son épée en disant : *Au nom de Dieu, je te fais chevalier.*

Le nouveau chevalier sautait alors sur son cheval, et, tenant en main la lance, insigne de sa nouvelle dignité, il se montrait à la foule.

Tous les seigneurs, les princes et les rois se faisaient armer chevaliers. Ceux qui parmi vous ont appris l'histoire de France ou l'histoire des hommes célèbres se souviennent que François Ier, âgé de vingt ans et déjà vainqueur à la bataille de Marignan voulut le lendemain du combat être armé chevalier par Bayard, le chevalier sans peur et sans reproche. Le bon Bayard, après avoir donné l'accolade à son roi, fit un bond et baisa son épée en s'écriant : « Certes ma bonne épée, vous serez dès ce our comme relique gardée pour avoir aujourd'hui à un si puissant roi donné l'ordre de chevalerie, et ne vous porterai jamais, si ce n'est contre Turcs, Sarrasins ou Maures. »

Mais je me suis bien éloignée de notre sujet, car François Ier devint roi de France seulement en 1515, et c'est en 1218 que le duc Louis, fils du duc Hermann, fut armé chevalier. C'était le jour de saint Kilion, un des patrons et des premiers martyrs du pays. Louis avait dix-huit ans. La cérémonie se fit dans l'église de Saint-Georges d'Eisenach, et l'évêque de Naumbourg bénit l'épée du duc et celles de ses jeunes compagnons. Il n'y avait pas de princes étrangers, Louis ayant déclaré qu'il ne voulait tenir sa chevalerie que de Dieu et de ses fidèles seigneurs.

CHAPITRE XIV

LOUIS RESTE FIDÈLE A ÉLISABETH — LEUR MARIAGE FÊTES ET TOURNOIS

Nous avons un instant abandonné la chère sainte Élisabeth pour nous occuper de celui qui seul l'aimait et l'aimait d'autant plus que les autres la faisaient souffrir davantage.

Louis, malheureusement trop jeune encore pour user de son autorité et défendre sa fiancée, se réjouissait en pensant que sa femme serait bonne, pieuse, charitable, et ses vertus, tant critiquées par les autres, étaient justement ce qui la lui faisait chérir. Aussi repoussait-il bien loin les conseils de ceux qui voulaient la renvoyer à son père.

En toute occasion, il cherchait à lui faire plaisir et, quand il allait au loin, il lui rapportait toujours quelque présent : c'était un chapelet de corail, ou un petit crucifix, ou une image pieuse, ou bien une bourse, des gants, des bijoux, des épingles d'or.

Toutefois la pauvre Élisabeth, voyant que tout le monde disait du mal d'elle à son fiancé, craignit qu'un jour il ne vînt à écouter ces mauvais conseils. Elle conta sa peine au sieur Gauthier de Varilla, celui-là même auquel son père l'avait confiée, lorsque, petite enfant, elle avait quitté la Hongrie. Gauthier, se trouvant seul avec le duc : « Vous plaît-il Monseigneur, lui dit-il, de répondre à une question que je vais vous faire ? — Parle en toute confiance, lui répondit le prince, et je te dirai tout ce que tu voudras. — Or donc, reprit le chevalier, que pensez-vous faire de mademoiselle Élisabeth que je vous ai amenée ? La prendrez-vous pour épouse, ou bien dégagerez-vous votre parole et la renverrez-vous à son père ? » Alors Louis, étendant la main vers l'Inselberg qui était en face d'eux : « Vois-tu, dit-il, cette montagne qui est devant nous ? eh bien ! si elle était d'or depuis la base jusqu'au sommet et que tout cela dût m'appartenir à condition de renvoyer mon Élisabeth, jamais je ne le ferais. Qu'on dise d'elle tout ce qu'on voudra; moi je dis ceci : Je l'aime et je n'aime rien de plus ici-bas. Je veux avoir mon Élisabeth. Elle m'est plus chère par sa vertu et sa piété que toutes les terres et les richesses du monde.

— Je vous supplie, Monseigneur, répartit Gauthier, de me permettre de lui redire ces paroles.

— Dis-les-lui, répondit le landgrave, dis-lui que jamais je n'écouterai ce qu'on me conseille contre elle, et donne-lui ceci comme un nouveau gage de ma foi. »

Et il prit dans son aumônière un petit miroir à double fond monté en argent où se trouvait peinte une image de Notre-Seigneur crucifié. Gauthier se hâta de porter ce présent à Élisabeth et la rassura sur les dispositions de son fiancé. La sainte enfant sourit avec joie, ouvrit le miroir, et, apercevant l'image de Jésus crucifié, elle la baisa et la pressa avec amour contre son cœur.

Malgré l'opposition de tous et principalement de la méchante duchesse Sophie, Louis épousa donc Élisabeth. Il avait vingt ans, elle en avait treize.

Les fêtes auxquelles assistèrent tous les seigneurs du voisinage furent magnifiques. Il y eut des festins et des danses; les ménestrels chantèrent les louanges du duc et de la petite duchesse; le tournoi dura trois jours, et les seigneurs les plus illustres vinrent y combattre.

Or, il faut vous dire qu'un tournoi était un combat simulé. On se battait entre gens amis et suivant certaines règles destinées à sauvegarder la vie des combattants. Cependant quelquefois il arrivait des accidents. C'est ainsi que beaucoup plus tard, un roi de France, Henri II, périt dans un tournoi. Mais cela était très rare.

Pendant tout le moyen âge et plus longtemps encore, il n'y eut pas de fêtes sans combats ou tournois. C'était le jeu des plus habiles et des plus braves, il avait lieu au milieu d'un grand appareil de fête; les dames y assistaient, et donnaient les prix aux vainqueurs.

CHAPITRE XV

LE DUC LOUIS

Louis était presque aussi bon qu'Élisabeth. Il aimait Dieu par-dessus toutes choses, il secourait les pauvres et les infirmes et allait lui-même visiter les malades; il était bienveillant envers tous, ne faisant jamais de mal à personne : il était gai et affable et possédait au plus haut degré la vertu la plus nécessaire à ceux que Dieu a chargés de commander aux autres, la justice.

Malgré sa douceur habituelle, il ne craignait pas d'user d'une mâle fermeté pour punir les méchants, jugeant avec une égale équité le plus pauvre de ses sujets comme le plus puissant de ses comtes. Il chassa de la cour des seigneurs injustes envers ses vassaux.

Ceux qui blasphémaient le nom de Dieu étaient condamnés par lui à porter un signe public d'ignominie. Ce signe était, dit-on, la figure d'un âne en bois attachée sur le dos.

Pour ma part, je trouve que le comte avait bien raison, car ceux qui ne respectent pas Dieu sont bien plus ânes que les ânes eux-mêmes, et si la compassion était injuste pour quelqu'un, je trouve qu'elle l'était pour l'âne. Un âne, un bon âne qui va au marché, qui porte les petits enfants à la promenade, qui les empêche de se fatiguer, qui ne les jette pas par terre, cet âne fait en ce monde l'œuvre dont Dieu l'a chargé en le créant tandis que les méchants ne font que le mal. J'aime beaucoup ce bon âne et je déteste les méchants.

Mais revenons au duc Louis. Il était très sévère pour ceux qui offensaient Dieu, mais très indulgent pour ceux qui l'offensaient lui-même. Quand ses serviteurs ne le servaient pas comme ils l'auraient dû, il ne se fâchait pas, et disait doucement : « Chers enfants, ne le faites plus, car vous affligez mon cœur. »

Au lieu de perdre son temps à s'amuser, il travaillait beaucoup ; il s'occupait des affaires de son royaume et remplissait tous les devoirs d'un bon souverain. Ses peuples étaient parfaitement heureux et ne cessaient de le bénir. Jamais il ne s'écartait de la vérité, en toutes choses il agissait en chrétien, pratiquait dans son palais et au milieu de sa cour la mortification religieuse, ne buvait de vin que s'il était malade et de la bière jamais, ne mangeait pas de mets salés ni épicés et se dépouillait parfois d'une partie de ses riches vêtements pour en couvrir les pauvres.

A toutes les vertus dont nous avons parlé, Louis ajoutait un grand courage.

L'empereur lui avait fait présent d'un lion. Un matin, le gardien ayant laissé la cage ouverte, l'animal se précipita en rugissant sur le duc qui, à peine vêtu et sans armes, se promenait dans sa cour. Louis ne s'effraya pas, il se contenta de montrer le point à l'animal féroce et surtout il mit sa confiance en Dieu : aussitôt le lion vint se coucher à ses pieds en agitant la queue. Une sentinelle qui était sur le rempart, attirée par les rugissements de la bête, aperçut le danger de son maître et appela du secours.

Le lion se laissa enchaîner sans résistance, et tout le monde remercia Dieu. On pensa que la sainteté du duc et celle d'Élisabeth leur avaient mérité cette manifestation visible de la protection divine.

CHAPITRE XVII

LOUIS ET ÉLISABETH APRÈS LEUR MARIAGE MORTIFICATIONS D'ÉLISABETH — L'EAU CHANGÉE EN VIN

Nous sommes en ce monde pour peu de temps, et si Dieu nous y donne des joies, c'est pour nous aider à le mieux servir. Le plus grand bonheur de ce monde est sans contredit celui de s'aimer beaucoup, mais il ne doit pas nous distraire de Dieu, bien au contraire : il doit nous aider à nous rapprocher de lui en nous portant à donner de bons exemples et de bons conseils à ceux qui nous sont chers.

Élisabeth et Louis étaient ainsi : ils s'aimaient tendrement et n'avaient pas de plus grande joie que d'être ensemble et de parler de Dieu.

Élisabeth avait pour son mari un grand respect. Elle lui obéissait au moindre signe et évitait tout ce qui aurait pu le mécontenter, car elle savait que Dieu veut les femmes soumises à leurs maris, et, en toutes choses, elle avait soin de faire la volonté de Dieu.

Le duc, de son côté, lui accordait une entière liberté pour ses exercices de piété et l'aidait dans ses œuvres de charité. Elle ne lui cachait aucune de ses mortifications et ils s'exhortaient mutuellement à faire le bien.

Quand le duc quittait la Wartbourg, il emmenait généralement Élisabeth et elle le suivait avec joie bravant sans crainte la gelée, la neige, la chaleur et les inondations ; mais quand il lui était impossible de l'emmener, Élisabeth restait bien tristement à la maison et ne trouvait de consolation que dans la prière qu'elle prolongeait souvent toute la nuit.

Du reste pour témoigner son amour à Dieu, la prière ne suffisait pas à cette jeune princesse. Elle se mortifiait aussi avec zèle, couchait par terre, et sous ses riches habits, elle portait un cilice.

Un cilice, mes enfants, est un vêtement de crin que l'on porte sur la peau et qui fait extrêmement mal. Tous les vendredis, en mémoire de la passion de Notre-Seigneur, tous les jours pendant le carême et souvent même pendant la nuit, Élisabeth se faisait donner une rude discipline pour imiter la flagellation de Notre-Seigneur et expier avec lui ses péchés et ceux de tous les hommes.

Mais peut-être, mes enfants, ne savez-vous pas ce qu'est une discipline ?

Une discipline est une espèce de fouet, quelquefois en cordes, quelquefois en fer avec lequel on se frappe. Cela fait mal, mais pour se mortifier, il faut se faire mal. Tous les saints ont cherché à souffrir pour le Bon Dieu, et on raconte même d'un saint (de saint Thomas de Villeneuve, je crois) que n'ayant encore que sept ans, sa mère trouva cachée dans son petit lit une discipline toute couverte de sang. C'était le sang de ce bon petit saint qui s'était durement flagellé par amour pour Notre-Seigneur. Sa bonne mère, bien contente d'avoir un enfant si sage, ne lui dit rien, et replaça sa discipline là où elle l'avait trouvée, car le petit saint voulait souffrir pour Dieu seul, et être vu de lui seul.

Sainte Élisabeth se mortifiait beaucoup ; elle faisait beaucoup souffrir son corps ; mais cela ne la rendait pas triste ni grognon comme sont certains enfants, quand ils ont le moindre petit bobo. Jamais elle ne paraissait plus gaie à la cour qu'après avoir pris une rude discipline ; et elle disait de ceux qui prient avec un visage triste et sévère : « Ils ont l'air de vouloir épouvanter le Bon Dieu ; qu'ils donnent ce qu'ils peuvent gaîment et de bon cœur ! »

Souvent Élisabeth se levait de table sans avoir mangé autre chose que du pain ou quelques petits gâteaux recouverts de miel ; mais afin que Dieu seul vît sa mortification, elle feignait d'être occupée d'autre chose, surveillait le service, donnait des ordres aux domestiques, parlait aux convives, leur offrait à boire, ou bien encore elle coupait en petits morceaux le pain ou les autres mets placés devant elle et les disposait par-ci par-là pour leur donner l'air de restes.

Un jour de jeûne, elle fit seize lieues à cheval sans manger autre chose qu'un morceau de pain noir, si dur, qu'elle fut obligée de le faire détremper dans de l'eau chaude.

Une fois, Louis était absent, et la Sainte mangeait seule chez elle un pauvre repas composé de pain sec et d'eau. Le duc, survenant à l'improviste, voulut boire dans le verre d'Élisabeth, et, à sa grande surprise, il se trouva que ce verre renfermait un vin qui lui sembla le meilleur qu'il eût jamais bu.

« Où avez-vous pris ce vin? » demanda-t-il à l'échanson.

« On n'a servi que de l'eau, » répondit celui-ci.

Louis se tut, et son historien ajoute qu'il eut assez d'esprit pour comprendre que Dieu avait fait un miracle en faveur de la *chère sainte Élisabeth*, comme on l'appelait.

CHAPITRE XVIII

ÉLISABETH RENONCE AUX PARURES — COMMENT DIEU L'EN RÉCOMPENSE

Un jour de grande fête, Élisabeth était descendue, selon l'usage, dans une des églises de la ville. Elle était vêtue d'un costume somptueux, couverte de bijoux, la tête ceinte de la couronne ducale, et elle marchait accompagnée d'une suite nombreuse. Aussitôt arrivée, elle porta ses regards vers le crucifix, et voyant ainsi son Dieu nu, couronné d'épines, les mains et les pieds percés de clous, elle se sentit, comme aux jours de son enfance, pénétrée du repentir de ses fautes.

« Voilà le Bon Dieu, dit-elle, suspendu à une croix, et toi, créature inutile, tu es couverte de vêtements précieux;

sa tête est couronnée d'épines, et toi, tu portes une couronne d'or. »

Son émotion fut si forte, qu'elle s'évanouit. Les assistants la portèrent à l'entrée de l'église et lui jetèrent de l'eau bénite sur le visage. Bientôt, elle revint à elle, mais à dater de ce moment elle résolut de renoncer à toute parure, excepté le cas où elle y serait absolument obligée par les exigences de son rang ou par la volonté de son mari. C'est ainsi qu'elle abandonna les bandeaux de soie qui retenaient ses cheveux, les voiles de couleurs éclatantes et les robes trop longues ; et quand, pour les grandes cérémonies, elle avait à se revêtir d'habits somptueux, elle gardait toujours sous l'or et la pourpre, des vêtements de laine et un cilice.

Son bon exemple fut suivi par un grand nombre de dames de la cour, qui, à l'exemple de leur jeune souveraine, renoncèrent au luxe et aux élégances inutiles.

Dieu eut pour agréable la douce simplicité de cette petite princesse de quinze ans et il lui en donna de nombreuses preuves.

Une fois entre autres, des envoyés de son père étant venus en Thuringe, le landgrave les reçut avec empressement ; mais il lui vint aussitôt à la pensée que sa femme n'avait pas de vêtements convenables pour paraître devant eux et qu'il n'y avait plus le temps de lui en commander de nouveaux.

« Ah, chère sœur, lui dit-il, (car il avait conservé de leur enfance l'habitude de parler ainsi), voilà des gens de la cour de ton père qui arrivent ; je suis sûr qu'ils viennent pour voir quel genre de vie tu mènes avec moi, et pour savoir si tu as vraiment un train de duchesse. Mais toi, comment vas-tu paraître devant eux? Tu t'occupes tant de tes pauvres, que tu t'oublies toi-même; tu ne veux jamais porter que ces misérables habits qui nous font honte à tous deux. Quel déshonneur pour moi, quand ils iront dire en Hongrie que je te laisse manquer d'habits et qu'ils t'ont trouvée dans un état si pitoyable ! Et voilà que je n'ai plus le temps de t'en faire faire d'autres qui conviendraient mieux à ton rang et au mien.

— Mon cher seigneur et frère, lui répondit doucement la Sainte, que cela ne t'inquiète pas, car je suis bien résolue à ne jamais mettre ma gloire dans mes vêtements ; je saurai bien m'excuser envers ces seigneurs et je m'efforcerai de les traiter avec tant de gaîté et d'affabilité, que je leur plairai tout autant que si j'avais les plus beaux habits. »

Elle se mit en prière puis, s'habillant du mieux qu'elle put, elle alla rejoindre son mari, et, miracle !

A la grande surprise du duc, elle parut vêtue d'habits de soie magnifiques ; un manteau de velours couvert d'argent et tout parsemé d'étoiles d'or couvrait ses épaules. Les Hongrois furent éblouis, et le duc interrogea Élisabeth. Elle sourit : « Voilà, dit-elle, ce que sait faire le Seigneur quand cela lui plaît. »

Et le prince répondit :

« En vérité, c'est un bien bon Dieu que le nôtre. Il y a du plaisir à servir un maître si bon qui vient si fidèlement au secours des siens. Moi aussi, je veux dès à présent être toujours et de plus en plus son valet. »

CHAPITRE XIX

COMMENT UN CHEVALIER ACHÈTE A UN PAUVRE LE GANT DE SAINTE ÉLISABETH ET COMMENT CETTE RELIQUE LE PRÉSERVE DE TOUT DANGER

Élisabeth distribuait aux pauvres toutes les sommes dont elle pouvait disposer et qui étaient d'autant plus considérables, qu'elle avait renoncé pour elle-même à toute dépense inutile. Son mari, heureux de la charité de sa chère Élisabeth, faisait passer par ses mains toutes les ressources dont il pouvait disposer lui-même. Néanmoins tout cela ne suffisait pas encore à la charité de la Sainte, et souvent elle se dépouillait elle-même pour couvrir les malheureux.

Un jour, entre autres, elle descendait à la ville, richement habillée et la tête ceinte de la couronne ducale. La foule des pauvres se précipita sur son passage. Après leur avoir tout donné, elle en vit encore un qui lui demandait l'aumône du ton le plus plaintif. Émue de compassion, elle ôta son gant, qui, selon la coutume de l'époque, était richement brodé et orné de bijoux et elle le lui donna; ce que voyant, un des chevaliers de sa suite courut après le pauvre, et lui ayant acheté son gant, le suspendit à son casque comme un gage de la protection divine.

En effet, à dater de ce jour, il fut victorieux dans tous les combats et les tournois et plus tard, à la croisade, ses exploits le couvrirent de gloire. Sur son lit de mort, il déclara devoir tous ses triomphes au souvenir qu'il avait porté de la chère sainte Élisabeth.

Tant est puissante la protection des saints et celle de leurs reliques !

CHAPITRE XX

ÉLISABETH VISITE LES PAUVRES ET PREND SOIN D'EUX LE MIRACLE DES ROSES

Notre-Seigneur a dit : « Ce que vous ferez au moindre de mes frères, c'est à moi-même que vous le ferez. » Les pauvres sont les représentants de Jésus-Christ sur la terre.

Comment donc ceux qui aiment Jésus-Christ voudraient-ils se priver d'aller le voir dans sa pauvreté et de le soigner dans ses maladies ? Aussi Élisabeth ne se contentait-elle pas de recevoir la visite des pauvres ; elle allait elle-même les visiter, et avec son courage et sa gaîté ordinaires, elle franchissait les plus grandes distances pour pénétrer dans les cabanes les plus rebutantes de saleté et de mauvais air.

Elle parlait aux pauvres avec douceur et bonté, s'informait de leurs besoins, élevait leurs âmes vers Dieu par de douces paroles de consolation, et, après les avoir longtemps soignés dans leur maladie, si quelqu'un d'entre eux venait à mourir, elle-même l'ensevelissait et l'accompagnait humblement jusqu'au cimetière.

Bonne envers tous, elle l'était particulièrement envers les enfants, envers les petits nouveau-nés. Elle les couvrait de ses vêtements cousus de ses propres mains et voulait être leur marraine, afin de répondre devant Dieu du salut de ces chères petites âmes. Car, vous le savez, mes enfants, on n'est pas marraine seulement pour recevoir et donner des dragées : on est parrain et marraine pour veiller sur l'âme des petits enfants au nom desquels on promet, avant qu'eux-mêmes puissent le comprendre, qu'ils seront bons chrétiens.

Un jour où Élisabeth allait voir ses pauvres, voici ce qu'il lui arriva :

Accompagnée d'une de ses suivantes elle descendait un sentier très rude qui s'appelle encore aujourd'hui le *Kniebrechen*. (Les petits enfants qui savent l'allemand, comprennent ce que cela veut dire). Elle portait dans les pans de son manteau du pain, de la viande, des œufs et d'autres mets destinés à ses pauvres. Tout à coup le landgrave qui revenait de la chasse l'aperçoit courbée sous le poids de son fardeau : « Voyons ce que vous portez, » lui dit-il. Malgré elle, il ouvre son manteau et n'aperçoit que des roses blanches et rouges, les plus belles qu'il eût jamais vues. Et cependant ce n'était plus la saison des fleurs !

Le duc regarda Élisabeth.

Et il aperçut au-dessus de sa tête une image lumineuse en forme de crucifix.

CHAPITRE XXI

AMOUR D'ÉLISABETH POUR LA PAUVRETÉ

Élisabeth n'aimait pas seulement les pauvres, elle aimait aussi la pauvreté elle-même, elle l'aimait comme d'autres aiment les richesses.

Le miracle des roses.

Elle regrettait de ne manquer de rien, car elle eût voulu ressembler en tout à Notre-Seigneur Jésus-Christ, qui, sur la terre, a voulu être pauvre, qui est né dans une étable et qui n'avait pas où reposer sa tête.

Dans son palais, Élisabeth travaillait sans cesse pour les pauvres, comme si elle eût été pauvre elle-même, et elle leur apportait ce qu'elle avait de meilleur, elle se faisait préparer des légumes mal cuits, afin de pouvoir se rendre compte des privations des pauvres. Les jours où son repas était ainsi composé, elle mangeait avec une grande joie.

Néanmoins cette petite Sainte de quinze ans qui, dans son enfance, dormait dans son berceau d'argent, et qui depuis lors avait toujours été entourée de richesses et de luxe ne pouvait, malgré sa bonne volonté, se faire une idée absolument juste de la pauvreté : elle ignorait encore beaucoup de privations qu'impose la vraie misère. C'est ainsi qu'elle dit une fois à son mari : « Sire, si cela ne vous ennuie pas, je vous dirai une pensée sur le genre de vie que nous pourrions mener pour mieux servir Dieu.

« Dites-le-donc, douce amie, répondit son mari : quelle est votre pensée à ce sujet ? — Je voudrais, dit-elle, que nous n'eussions qu'une seule charruée de terre qui nous fournirait de quoi vivre, et environ deux cents brebis, et alors vous pourriez labourer la terre, mener les chevaux et souffrir pour Dieu ces travaux ; et moi, j'aurais soin des brebis et je les tondrais. »

Le landgrave se mit à rire : « Eh ! douce sœur, si nous avions tant de terre et tant de brebis, il me semble que nous ne serions guère pauvres : et bien des gens nous trouveraient encore trop riches. »

En effet, mes enfants, des gens qui possèdent deux cents brebis, ne sont pas de pauvres gens.

Souvent Élisabeth parlait à ses suivantes des joies de la pauvreté. Elle se dépouillait alors de ses vêtements royaux, se couvrait d'un misérable manteau de couleur grise, enveloppait sa tête d'un voile déchiré, et, comme si elle eût été une vraie pauvresse, elle marchait devant ses compagnes en feignant de mendier son pain, puis elle s'écriait : « C'est ainsi que je marcherai, lorsque je serai pauvre et dans la misère pour l'amour de Notre-Seigneur. »

Peut-être Dieu avait-il déjà révélé à cette sainte enfant ce qu'elle aurait à souffrir pour lui dans l'avenir.

CHAPITRE XXII

HUMBLE PIÉTÉ D'ÉLISABETH — SON VISAGE EST ÉCLAIRÉ D'UNE LUMIÈRE DIVINE

Élisabeth ne devait sa bonté si grande qu'à son ardente piété.

Elle priait beaucoup, elle communiait souvent et assistait avec le plus grand recueillement à tous les offices de l'Église. A peine avait-elle entendu la cloche annoncer le Saint Sacrifice qu'elle volait en quelque sorte, et, après s'être dépouillée par respect de sa couronne et de tous ses bijoux, elle faisait plusieurs génuflexions accompagnées de prières ferventes. Chaque année elle célébrait le saint temps de carême par des communions, des prières plus nombreuses et par un jeûne journalier dont son âge la dispensait cependant ; puis, le Jeudi saint, elle quittait tout ce qui pouvait rappeler sa grandeur, se couvrait des habits ordinaires aux mendiantes, chaussait ses pieds de pauvres brodequins et allait faire la visite des églises. A l'exemple de Notre-Seigneur, qui, le Jeudi saint, a lavé les pieds à ses apôtres, elle lavait les pieds à douze pauvres, quelquefois lépreux, et leur donnait à chacun douze pièces d'argent, un habit de drap et un pain blanc.

Elle passait en prières toute la nuit du Jeudi au Vendredi saint, pensant aux souffrances que notre divin Sauveur a endurées pour nous pendant cette nuit douloureuse, et le matin, elle disait à ses suivantes : « C'est aujourd'hui un jour d'humiliation pour tous ; je veux qu'aucune de vous ne me témoigne le moindre respect. »

Puis, revêtue du même costume que la veille, et imitant en tout les pauvres femmes du pays, elle mettait dans sa robe quelques petits paquets de linge grossier, un peu d'encens et de tout petits cierges ; puis elle allait nu-pieds, au milieu de la foule, dans toutes les églises, s'agenouillait devant chaque autel, y déposait un paquet de linge, de l'encens et un cierge, se prosternait ensuite et passait au prochain autel. Ces humbles dévotions terminées, elle se rendait sur la place publique où elle distribuait d'abondantes aumônes. Comme dans son pauvre costume on ne la reconnaissait pas, on la foulait impitoyablement.

Vous savez tous, mes enfants, ce que c'est que les *Rogations*. Vous savez qu'on appelle ainsi les jours où l'Église ordonne de faire des prières, des jeûnes et de grandes processions pour attirer les bénédictions de Dieu sur les biens de la terre. Sainte Élisabeth suivait oujours ces processions. Elle était vêtue de bure *(qui est une grosse étoffe réservée aux pauvres)* et marchait nu-pieds. Pendant le sermon, elle prenait place parmi les plus pauvres et suivait ainsi humblement à travers les champs la croix du Sauveur et les reliques des saints.

Dieu qui élève ceux qui s'abaissent, voulut récompenser l'humble piété de sa servante et montrer aux autres combien sa dévotion lui était agréable. Un jour Élisabeth priait avec ferveur, les mains modestement jointes et son voile relevé pour contempler la sainte Hostie : au moment de l'élévation, une lumière céleste l'environna ; son visage était éclatant et les rayons qui s'échappaient d'autour d'elle éclairaient le prêtre, comme s'il eût été en plein soleil.

CHAPITRE XXIII

ÉLISABETH A UNE LONGUE DISTRACTION PENDANT LE SAINT SACRIFICE DE LA MESSE — COMMENT ELLE S'EN REPENT

Les saints, mes enfants, quelque saints qu'ils soient, sont hommes comme nous, fragiles comme nous, et parfois il leur arrive d'avoir des faiblesses qui rappellent les nôtres ; seulement au lieu d'en avoir chaque jour, ils en ont rarement ; au lieu de les remarquer à peine, ils les pleurent amèrement.

Ainsi, je crains bien, quand vous êtes à l'église, qu'il ne vous arrive souvent de regarder les mouches voler, et je crains bien aussi que vous n'en ayez que peu de remords, tandis que vous allez voir comment Élisabeth pleura une seule faute semblable.

Elle qui priait toujours si bien, elle eut un jour pendant la sainte messe une longue distraction ; elle oublia qu'elle était devant le Bon Dieu et pensa à des choses fort bonnes sans doute, mais qui n'étaient pas le Bon Dieu.

Qu'arriva-t-il alors ?

Après la consécration le prêtre éleva l'Hostie pour la faire adorer aux fidèles. Élisabeth vit, au lieu de l'Hostie, Jésus Crucifié et ses plaies toutes saignantes !

Aussitôt comprenant que par son infidélité elle était cause des souffrances de Notre-Seigneur, elle reconnut sa faute, tomba le visage contre terre et fondit en larmes.

Probablement, mes enfants, quand vous aurez des distractions, le Bon Dieu ne se montrera pas visiblement à vous avec ses plaies toutes sanglantes. Hélas ! il serait peut-être obligé de se montrer à vous chaque jour !... Élisabeth reçut là une grâce qu'elle méritait par sa fidélité habituelle et que vous, vous ne méritez pas ; mais ce que Dieu montra visiblement à Élisabeth, il vous le dit au fond du cœur. Tâchez donc désormais d'être plus attentifs dans toutes vos prières et principalement pendant le saint sacrifice de la Messe qui est le même que le sacrifice de la croix.

L'office terminé, le landgrave, habitué à voir Élisabeth prolonger sa prière, sortit avec toute sa cour et la laissa prosternée jusqu'à l'heure du dîner. Personne alors n'osant la troubler et les nombreux convives étant réunis, le duc vint lui-même et lui dit doucement : « Chère Sœur, pourquoi nous faire attendre si longtemps ? »

Elle leva la tête et le regarda sans rien dire, et lui,

voyant qu'elle avait pleuré, car ses yeux étaient rouges comme le sang : « Chère sœur, dit-il, pourquoi as-tu tant pleuré et si amèrement? » Et, s'agenouillant auprès d'elle, il écouta son récit et se mit à pleurer et à prier avec elle, puis il se releva :

« Ayons confiance en Dieu, lui dit-il, je t'aiderai à faire pénitence et à devenir encore meilleure que tu n'es. »

Mais voyant que la pauvre Élisabeth était trop accablée de tristesse pour paraître au festin, il essuya ses propres yeux et alla rejoindre les convives, tandis qu'elle continuait à pleurer sa faute.

CHAPITRE XXIV

ÉLISABETH ET LE TIERS-ORDRE DE SAINT-FRANÇOIS

Pendant que sainte Élisabeth vivait en Thuringe, qu'elle était une grande princesse et que beaucoup de gens obéissaient à ses ordres, il y avait en Italie un pauvre mendiant, nommé François d'Assise. Ce pauvre mendiant avait eu une histoire merveilleuse. Peut-être vous la raconterai-je un jour; seulement, mes petits enfants, je vous dirai tout bas que, si vous le désirez, il faut prier le Bon Dieu de me corriger d'un gros défaut qui s'appelle la paresse et qui m'empêche de faire beaucoup de choses, entre autres de raconter aux enfants l'histoire de tous les amis du Bon Dieu.

François, sans être un prince, avait cependant, lui aussi, été riche et aurait pu vivre à son aise ; mais la voix de Dieu l'avait appelé à une vie plus parfaite. Fidèle à cette voix, il avait tout abandonné et vivait en mendiant son pain. D'autres et un grand nombre avaient suivi son exemple, et c'est ainsi qu'il devint le fondateur de ces pauvres Franciscains et Capucins que vous connaissez bien et auxquels vous donnez volontiers l'aumône, quand vous les voyez venir dans leurs pauvres robes de bure, une corde autour des reins, la tête et les pieds nus, souffrant ainsi volontiers pour l'amour de Dieu les ardeurs du soleil et les rigueurs du froid.

Lorsque saint François parlait du Bon Dieu et qu'il racontait le bonheur de souffrir pour Lui et d'être pauvre comme lui, il le faisait avec tant d'éloquence que tous les cœurs étaient émus et que tout le monde voulait le suivre et l'imiter. Mais cela n'était pas possible : il y avait les malades qui n'auraient pas pu supporter les fatigues de cette pauvre existence ; il y avait les femmes mariées qui ne pouvaient pas abandonner leurs maris, les pères qui ne pouvaient pas abandonner leurs enfants.

A tous ceux-là et à beaucoup d'autres saint François dit : « Vous ne pouvez pas faire tout ce que font les religieux ; mais il y a beaucoup de choses que vous pouvez faire ; vous pouvez d'abord être bons, vous pouvez pardonner à vos ennemis, faire l'aumône, ne pas assister aux divertissements défendus, entendre la messe tous les jours jeûner de temps en temps : tout cela est facile. Eh bien ! si vous le faites, vous ne serez pas des religieux Franciscains, mais, avec la permission du Pape, vous serez du Tiers-Ordre des Franciscains ; vous serez presque des religieux et des religieuses, et vous plairez extrêmement au Bon Dieu. »

Beaucoup de gens acceptèrent les propositions de François et furent les premiers membres du Tiers-Ordre qui, bientôt, en compta par milliers. Il en compte encore autant aujourd'hui, probablement, même parmi les personnes de votre connaissance car, Notre Saint Père le Pape Léon XIII le recommande vivement à tous les chrétiens.

Les religieux Franciscains s'étaient établis en Thuringe en l'année 1221, et aussitôt Élisabeth leur donna une église à Eisenach. En entendant parler du Tiers-Ordre, elle fut ravie de joie et demanda au duc la permission d'en faire partie, permission qui lui fut facilement accordée. Elle en observa fidèlement la règle.

CHAPITRE XXV

SAINT FRANÇOIS ENVOIE SON MANTEAU A ÉLISABETH LE PAPE LUI DONNE CONRAD DE MARBOURG POUR CONFESSEUR

Saint François ayant appris combien Élisabeth était sainte, fut très heureux de son entrée dans le Tiers-Ordre et un jour qu'il en disait sa joie au cardinal Hugolin, celui-ci lui répondit : « Puisque cette princesse est si pleine de vertus, je veux que vous lui laissiez un héritage pareil à celui qu'Élie laissa à son disciple Élisée. »

Or, vous vous souvenez, mes enfants, que le prophète Élie, enlevé au ciel dans un char de feu, laissa son manteau au prophète Élisée.

Le cardinal prit lui-même des épaules de François son pauvre vieux manteau en lui commandant de l'envoyer à Élisabeth. L'humble saint obéit et la noble duchesse reçut ce précieux présent avec un religieux respect. Elle s'en revêtait chaque fois qu'elle avait une grâce spéciale à demander, et quand elle renonça plus tard à tous les autres biens de la terre, elle voulut néanmoins conserver cette relique.

Louis qui admirait les vertus de sa jeune femme, trouvait cependant qu'elle n'était pas assez instruite dans l'Écriture Sainte et la science de la religion. Cela du reste n'était pas très étonnant : pour connaître la science de la religion qui est la plus belle et la plus grande de toutes les sciences, il faut l'étudier toute sa vie, et les plus savants sont encore ignorants, et ne seront jamais savants qu'au ciel. Comment donc sainte Élisabeth, qui était encore si jeune, aurait-elle pu être une savante ? C'est pourquoi Louis voulut lui donner un Confesseur qui l'instruisît davantage et lui apprît à mieux connaître Dieu, et, par conséquent, à le mieux aimer et à le mieux servir : il consulta le Pape à ce sujet, et le Saint Père lui indiqua Conrad de Marbourg qui était un prêtre de beaucoup de science et de vertu. Conrad devint dès lors son confesseur et son maître.

CHAPITRE XXVI

LOUIS ET ÉLISABETH VONT EN HONGRIE — LEUR RETOUR NOUVEAU MIRACLE

Dans le courant de l'année 1222, Élisabeth et Louis, accompagnés d'une foule de seigneurs et de dames, allèrent en Hongrie où le roi André les reçut avec joie. Il donna en leur honneur un grand nombre de fêtes et de tournois où les seigneurs Thuringiens se distinguèrent par leur bravoure et leur adresse. Ces fêtes se terminèrent par une grande chasse, cet exercice étant un des divertissements favoris du landgrave et son beau-père tenant à lui rendre son séjour en Hongrie aussi agréable que possible. Quand le moment du départ fut arrivé, André combla de présents Élisabeth, Louis et toute leur suite. Les chevaliers, les dames et jusqu'au moindre domestique, reçurent des dons magnifiques. Quant à Élisabeth, le roi fit construire une voiture d'une forme particulière destinée à transporter tout l'or et les bijoux qu'il avait donnés à sa chère fille.

Après de tendres adieux à leur père, Élisabeth et Louis se remirent en route et invitèrent les seigneurs des environs à venir à la Wartbourg célébrer leur retour dans un grand festin.

Tous les convives étaient réunis quand on s'aperçut de l'absence de la duchesse qui, avant le repas, aurait dû, selon l'usage d'alors, venir se laver les mains, en compagnie de ses hôtes.

Mais pendant que tous l'attendaient, Élisabeth, revenant de l'église et se rendant à la salle du festin, avait vu sur les marches de l'escalier un pauvre presque nu et ayant l'air si malade et si faible qu'elle se demandait comment il avait pu se traîner jusqu'au château. Au nom de Notre-Seigneur, il la conjura de lui donner quelque aumône.

« Je n'ai pas le temps, lui dit-elle, et je n'ai plus rien à donner, je vous enverrai quelques mets du festin. »

Mais lui, ayant insisté avec de grands cris pour qu'elle lui donnât sur-le-champ, elle s'était laissé vaincre par la pitié et lui avait donné le riche manteau de soie qui couvrait ses épaules. Aussitôt le pauvre disparut ! Or, dans ce temps-là, il n'était pas d'usage de paraître sans manteau ; Élisabeth n'osa donc pas rentrer dans la salle du festin et retourna dans sa chambre pour s'y recommander à Dieu.

Mais le sénéchal qui avait tout vu, alla devant les convives le raconter au duc.

« Voyez, monseigneur, dit-il avec indignation, si ce que notre très chère dame la duchesse vient de faire est raisonnable : tandis que tous ces nobles seigneurs sont ici à l'attendre, elle s'occupe d'habiller des pauvres, et vient de donner son manteau à un mendiant ! »

Le landgrave répondit en riant :

« Je vais voir ce qu'il en est ; elle nous viendra tout de suite. » Et, quittant ses hôtes, il alla chez Élisabeth.

« Sœur bien-aimée, lui dit-il, ne viens-tu pas dîner avec nous ? Nous serions depuis longtemps à table, si nous ne t'avions attendue.

— Je suis toute prête à faire ce que tu veux, mon frère chéri, répondit-elle.

— Mais où est donc, reprit le duc, le manteau que tu avais en allant à l'église ?

— Je l'ai donné, mon bon frère, dit-elle ; mais si cela t'est égal, je viendrai comme je suis. »

Sa femme de chambre lui dit alors :

« Madame, en venant ici j'ai vu votre manteau pendu à un clou dans l'armoire, je vais vous le chercher. »

Aussitôt elle revint avec le même manteau que le pauvre venait d'emporter.

C'était sans doute un ange du ciel qui avait rapporté ce manteau et c'était le Christ lui-même qui avait pris la figure d'un mendiant pour éprouver Élisabeth, comme il avait éprouvé autrefois saint Martin.

Élisabeth se mit un instant à genoux, remercia Dieu et, revêtue de ce manteau précieux, elle suivit son mari au festin.

Quant au manteau miraculeux, il fut conservé jusqu'au xve siècle par les Franciscains d'Eisenach, qui en avaient fait un ornement d'église.

CHAPITRE XXVII

COMMENT SAINTE ÉLISABETH OFFRAIT A DIEU SES CHERS PETITS ENFANTS

Sainte Élisabeth eut quatre enfants. Le Bon Dieu lui donna le petit Hermann le 28 mars 1223. Son second enfant naquit l'année suivante. C'était une fille qu'on appela Sophie, et qui devint plus tard duchesse de Brabant. La troisième, appelée également Sophie, fut religieuse ainsi que Gertrude la dernière.

Comme toutes les mamans, sainte Élisabeth aimait beaucoup ses petits enfants. Elle remerciait le Bon Dieu de les lui avoir donnés et les lui offrait comme la Sainte Vierge avait offert Notre-Seigneur au Temple.

Sortant alors secrètement du château et tenant son petit nouveau-né entre ses bras, elle allait nu-pieds et vêtue d'une simple robe de laine, se dirigeant vers une église très éloignée située hors des murs d'Eisenach.

Le chemin était rempli de pierres aiguës qui déchiraient et ensanglantaient ses pieds délicats.

Arrivée à l'église, elle posait son petit enfant sur l'autel, avec un cierge et un agneau et disait :

« Seigneur Jésus-Christ, je vous offre ainsi qu'à votre très chère Mère Marie, ce cher enfant. Mon Seigneur et mon Dieu, je vous rends de tout mon cœur ce cher enfant, tel que vous me l'avez donné, à vous qui êtes le Souverain et le Père très aimable de la mère et de l'enfant. La seule prière que je vous fais aujourd'hui et la seule grâce que j'ose vous demander, c'est qu'il vous plaise de recevoir ce petit enfant, tout baigné de mes larmes, au nombre de vos serviteurs et de vos amis, et lui donner votre sainte bénédiction. »

CHAPITRE XXVIII

LE BRAVE DUC LOUIS, POUR DÉFENDRE SES SUJETS, ENTREPREND UNE GUERRE CONTRE LE DUC DE POLOGNE

C'est pour protéger les faibles et les pauvres que Dieu donne la puissance aux princes et aux rois. Louis comprenait cela.

Un jour quelques-uns de ses sujets qui faisaient le commerce avec la Pologne, furent dépouillés près du château de Lubitz. Ils se plaignirent au bon landgrave, qui aussitôt demanda une réparation pour ses pauvres sujets ; mais comme le duc de Pologne la lui refusa, il assembla une nombreuse armée et annonça qu'il allait assiéger le château de Lubitz. L'étonnement fut général.

« Comment, disait-on, le duc va si loin pour défendre de pauvres marchands !... »

C'était bien laid de dire cela, et ceux qui le disaient n'étaient pas de bons chrétiens.

Aussi le duc ne les écouta pas.

Il envoya son avant-garde brûler la ville de Lubitz; puis il vint lui-même mettre le siège devant le château. Le duc de Pologne n'avait pas cru aux menaces de Louis; jugeant des autres par lui-même, il ne s'était pas imaginé qu'il y eût sur la terre un seul prince assez juste et assez brave pour prendre ainsi la défense des faibles. Le duc de Pologne fit offrir de l'argent au landgrave, à la condition qu'il voulût bien se retirer.

« Il aurait dû m'offrir une réparation plus tôt, lorsque je la lui demandais à l'amiable. C'est trop tard maintenant, répondit Louis; je ne veux pas avoir fait une si longue route pour rien. »

Le duc de Pologne, usant alors de menaces, lui envoya dire de ne pas oublier que les Polonais étaient d'intrépides guerriers, et que, s'il ne s'en retournait pas aussitôt, lui-même, le lundi suivant, viendrait à la tête de ses hommes pour tuer les Thuringiens.

« Je suis charmé, répondit le landgrave, de faire la connaissance du duc, et je resterai huit jours après le lundi fixé pour voir quelles sortes de gens sont les Polonais. »

En effet, il attendit; mais ni le duc, ni les Polonais ne parurent. Louis s'empara du château, le rasa et revint en Allemagne.

Sainte Élisabeth et les œuvres de miséricorde.

CHAPITRE XXIX

ÉLISABETH SOIGNE LES LÉPREUX — LE PETIT HÉLIAS

En apprenant l'Histoire-Sainte, mes enfants, vous avez lu l'histoire de Naaman et celle du lépreux de l'Évangile. Vous avez donc entendu parler d'une terrible maladie qui s'appelle la lèpre. Elle est encore très fréquente en Orient. Dans nos pays, elle est devenue beaucoup plus rare ; mais du temps de sainte Élisabeth, il y avait encore en Europe beaucoup de lépreux. Pour éviter, autant que possible, la contagion, ils étaient généralement soignés dans les hospices de lépreux ; dans les pays où ces sortes d'hospices n'existaient pas, on les enfermait dans les huttes solitaires. Les bons chrétiens et les saints ne les y abandonnaient pas. Ils les appelaient les *malades de Dieu*, *les chers pauvres de Dieu*, *les bonnes gens*, et les princes et les rois chrétiens se faisaient un honneur de les soigner.

Aussi, partout où Élisabeth en voyait, elle allait les trouver, leur parlait doucement, les exhortait à la patience et à la confiance en Dieu, et ne les quittait qu'après leur avoir distribué d'abondantes aumônes : « Vous devez, leur disait-elle, souffrir volontiers ce martyre ; vous ne devez en avoir ni deuil, ni colère. Quant à moi, je suis certaine que, si vous prenez en patience cet enfer que Dieu vous envoie en ce siècle, vous serez sauvés et quittes de l'autre enfer. Or, sachez que c'est un grand mérite. »

Un jour elle rencontra un de ces malheureux qui souffrait en outre d'une horrible maladie à la tête et qui était affreux à voir. Elle le fit venir secrètement dans son verger, lui coupa elle-même ses horribles cheveux, lava et pansa sa tête qu'elle tenait sur ses genoux. Ses demoiselles d'honneur la surprirent. Elle leur sourit doucement, sans rien dire, heureuse de soigner dans la personne de ce lépreux, Jésus-Christ lui-même, son Dieu et son Roi.

Un Jeudi saint, cette pieuse princesse rassembla un grand nombre de lépreux, leur lava les pieds et les mains, puis se prosternant devant eux, elle baisa humblement leurs plaies et leurs ulcères.

Une autre fois, le landgrave était absent, et, malgré le mécontentement de la duchesse Sophie, Élisabeth employait le temps de l'absence de son mari à soigner les pauvres, à les laver elle-même, à les vêtir d'habits cousus de ses propres mains.

Parmi ces malades, il y avait un pauvre petit lépreux appelé Hélias. Il était couvert de plaies si horribles que personne ne pouvait plus le toucher.

Émue de compassion, Élisabeth pensa que plus il était abandonné des autres, plus elle devait en avoir soin. Elle le prit donc, le baigna elle-même, l'oignit d'une huile salutaire, puis le coucha dans son propre lit.

Or, il arriva que justement le duc étant revenu, sa mère courut au-devant de lui. « Cher fils, viens avec moi, lui dit-elle, je veux te montrer une belle merveille d'Élisabeth », et, le conduisant par la main, elle lui montra le lépreux.

Mais au lieu du lépreux, le landgrave vit la figure de Jésus-Christ crucifié étendu sur ce lit.

A cette vue, sa mère et lui restèrent stupéfaits ; et lui

se mit à verser des larmes sans pouvoir prononcer une parole.

Élisabeth l'avait suivi tout doucement pour calmer sa colère contre le lépreux. Il l'aperçut : « Ma bonne chère sœur, lui dit-il, ne te laisse arrêter par personne dans l'exercice de tes vertus. » Et il se mit à genoux en disant :

« Seigneur, ayez pitié de moi, pauvre pécheur ; je ne suis pas digne de voir toutes ces merveilles, je ne le reconnais que trop ; aidez-moi à devenir un homme selon votre cœur et votre divine volonté. »

CHAPITRE XXX

LE DUC, LE COLPORTEUR ET LEUR ANE

Il y avait une grande foire à Eisenach. Le duc y était descendu et s'amusait à regarder les boutiques. Il vit un pauvre colporteur.

Vous savez, mes enfants, qu'un colporteur est un homme qui gagne sa vie à aller de ville en ville et de village en village vendre différents petits objets.

Celui d'Eisenach n'avait qu'une fort petite pacotille. Il vendait des dés, des aiguilles, des cuillers, des images de plomb et de petits bijoux de femmes. Le duc lui demanda s'il gagnait de quoi se nourrir.

« Eh ! monseigneur répondit-il, j'ai honte de mendier et je ne suis pas assez fort pour travailler à la journée ; mais, si je pouvais seulement aller en sûreté d'une ville à l'autre, je pourrais, avec la grâce de Dieu, gagner ma vie avec ce petit magot et même faire en sorte qu'au bout de l'année il vaudrait une fois plus qu'au commencement. »

Or, il faut vous dire mes enfants, que dans ce siècle-là on ne voyageait pas en sûreté quand on n'était pas muni d'un sauf-conduit, c'est-à-dire d'une permission de circuler. De plus, alors comme maintenant, on payait des octrois pour entrer dans les villes, et on payait aussi pour passer par certains chemins, ce qui s'appelait le *droit de péage*. Le bon duc Louis dit donc au colporteur : Eh bien ! si je te donnais mon sauf-conduit pendant un an, tu ne payerais ni octroi, ni péage dans toute l'étendue de mon domaine. Combien estimes-tu ton paquet?

« Vingt schellings, répondit le colporteur.

— Donnez-lui dix schellings, dit le prince à son trésorier, et faites-lui expédier un sauf-conduit avec mon sceau. »

Et, se tournant vers le colporteur : « Je veux me mettre de moitié dans ton commerce, lui dit-il. Promets-moi que tu seras fidèle compagnon, et moi je te tiendrai quitte de tout dommage. »

Le colporteur fut au comble de la joie ; de retour l'année suivante, il montra au bon landgrave ses marchandises dont le nombre avait doublé.

Louis prit quelques objets qu'il donna aux domestiques du château.

Chaque premier de l'an, le colporteur revint à la Wartbourg pour montrer au bon duc l'accroissement de son petit avoir qui devint si considérable qu'il lui fut impossible de le porter sur son dos. Il acheta donc un âne, attacha un paquet à droite, un paquet à gauche de l'animal, et désormais ils marchèrent tous deux, l'âne portant tout le fardeau, et lui ne portant rien, comme dans la chanson de Malborough. Aussi ne se fatiguait-il plus, ce qui le décida à porter sa marchandise au loin.

Mais en l'année 1225, il arriva que, étant allé à Venise acheter une foule d'objets précieux, des bagues, des bracelets, des broches, des couronnes et des diadèmes en pierreries, des coupes et des miroirs en ivoire, des couteaux, des langues de couleuvres, des chapelets de corail, etc... il arriva que des gens qui voulaient avoir tous ces beaux objets sans les payer, guettèrent son passage et lui prirent son âne et toute sa marchandise. Pauvre colporteur ! Il eut beau montrer le sauf-conduit du duc, ces vilaines gens s'en moquèrent, et tout ce qu'il put obtenir, ce fut d'avoir la vie sauve.

Aussitôt échappé aux mains de ces brigands, qui d'abord voulaient le lier et l'emmener avec eux, il courut à Eisenach conter son infortune au bon duc :

« Mon cher compère, lui répondit le prince en riant, ne te mets pas en peine de la perte de notre marchandise, prends un peu de patience et laisse-moi le soin de la chercher. »

Il convoqua les comtes, les chevaliers et les écuyers des environs et même les paysans qui combattaient à pied, se mit à leur tête et dévasta tout le pays de Franconie jusqu'au pays de Wurtzbourg, demandant partout son âne.

A la nouvelle de ce qui se passait, le prince évêque de Wurtzbourg, qui était le souverain du pays, envoya demander à Louis ce que signifiait cette conduite.

Le duc répondit qu'il cherchait un certain âne à lui que les sujets de l'Évêque lui avaient volé. L'Évêque fit restituer l'âne, et le bon duc s'en retourna triomphant et accompagné des bénédictions du pauvre peuple dont il prenait ainsi la défense.

CHAPITRE XXXI

GRANDE DISETTE — CHARITÉ PLUS GRANDE ENCORE D'ÉLISABETH

C'était en l'année 1226, Louis avait quitté la Thuringe. Il suivit l'empereur Frédéric II dans une guerre contre les villes d'Italie.

Pendant son absence, une disette affreuse dévasta ses États. On voyait les pauvres parcourir les bois et les chemins, arrachant les racines et les fruits sauvages qui servaient d'ordinaire à la nourriture des animaux. Ils dévoraient les chevaux, les ânes morts, les animaux les plus immondes, et, malgré ces tristes ressources, un grand nombre mourait de faim. Les routes étaient couvertes de leurs cadavres.

Quelle douleur pour Élisabeth!

Elle n'eut désormais plus qu'une pensée, celle de venir au secours de ses malheureux sujets.

D'abord elle distribua aux pauvres tout l'argent qu'elle trouva dans le trésor ducal; puis, malgré les plaintes et les murmures de sa maison, elle fit ouvrir les greniers de son mari et distribuer aux pauvres toutes les provisions de grains qui s'y trouvaient. Elle ne se réserva rien; mais comme elle était aussi prudente que charitable, au lieu de donner à chacun une grande quantité de blé qu'il aurait pu perdre, elle faisait donner chaque jour et à chaque pauvre la portion qui lui était nécessaire. Cela sans doute lui donnait plus de peine et de soucis, mais elle comptait pour peu de chose sa peine et ses soucis, quand il s'agissait de la charité.

Elle faisait cuire dans les fours du château autant de pains qu'ils en pouvaient contenir et les distribuait elle-même aux malheureux. Neuf cents pauvres venaient ainsi chercher leur nourriture de chaque jour.

Quant à ceux que la faiblesse, les infirmités ou les maladies empêchaient de gravir la montagne de la Wartbourg, Élisabeth descendait elle-même leur porter les restes de sa table; à peine osait-elle toucher aux mets qui lui étaient offerts, de crainte de diminuer la part des pauvres.

Chaque jour aussi, elle allait visiter les hospices fondés par elle à Eisenach.

Cette bonne petite duchesse allait de lit en lit, demandait aux malades ce qu'ils désiraient et leur rendait les services les plus rebutants. Elle donnait elle-même la nourriture à ceux qui ne pouvaient manger seuls et dont les maladies étaient dégoûtantes, les soulevait et les portait sur son dos ou dans ses bras pour les changer de lit, essuyait leur visage, leur nez et leur bouche avec le voile qu'elle portait sur la tête.

Elle avait comme tout le monde horreur du mauvais air. Cependant, par les plus grandes chaleurs de l'été, elle restait dans les salles de malades, sans exprimer la moindre répugnance. Ses suivantes étaient accablées et murmuraient hautement, mais elle pensait que ces pauvres et ces malades étaient les membres de Jésus-Christ. Elle était donc heureuse de les servir et disait en riant: « Quand je viendrai au jugement de mon Dieu et qu'on me demandera si j'ai servi les pauvres: Oui, mon Seigneur, dirai-je, aux enseignes que mes filles et servantes en ont eu souvent mal au cœur. »

Dans un de ces hospices, Élisabeth avait fondé un asile pour les pauvres enfants malades, abandonnés ou orphelins. Elle les entourait de tendresse et de soins, les faisait asseoir autour d'elle, leur distribuait de petits présents, examinait l'état de chacun d'eux et témoignait surtout son affection à ceux dont les maux faisaient horreur aux autres. Ceux-là, elle les prenait tendrement sur ses genoux et les couvrait de caresses. Aussi tous ces pauvres petits, dès qu'ils apercevaient la bonne duchesse, accouraient à sa rencontre et tiraient ses vêtements en criant: *Maman! maman!*

CHAPITRE XXXII

ENCORE LA CHARITÉ D'ÉLISABETH — UN ANGE LUI APPARAIT — DIEU MULTIPLIE MIRACULEUSEMENT SES AUMÔNES — IL LA PRÉSERVE D'UN GRAND DANGER — FIN DE LA DISETTE

Élisabeth ne se contentait pas d'être la bienfaitrice matérielle des pauvres; elle cherchait plus encore à être leur amie et à profiter de leur affection et de leur confiance pour être la bienfaitrice de leurs âmes.

Un pauvre malade lui ayant raconté secrètement que sa conscience était tourmentée par le remords d'une dette, la charitable duchesse le tranquillisa en lui promettant de s'en charger à sa place: et aussitôt elle accomplit sa promesse.

Quand Élisabeth avait fini ses distributions de vivres au château et qu'elle avait soigné les malades des hospices, elle employait le temps qui lui restait à parcourir les environs de la Wartbourg, à visiter les moindres chaumières, distribuant partout ses dons et ses bonnes paroles. Là encore elle rendait aux pauvres et aux malades tous les services les plus étrangers à son rang.

Un jour elle trouva un pauvre malade tout seul qui lui demanda du lait. Il n'avait pas la force, dit-il en gémissant, d'aller traire sa vache.

Aussitôt l'humble princesse entra dans l'étable et commença elle-même à traire la vache; mais la bête, se sentant gouvernée par des mains délicates, peu habituées à de tels travaux, se défendit si bien et gambada si haut que la pauvre Élisabeth fut obligée d'y renoncer.

Les prisonniers étaient l'objet des soins particuliers de la duchesse. Elle allait les visiter, délivrait ceux qui étaient en prison pour dettes en payant ce qu'ils devaient, pansant les blessures que leur avaient faites leurs chaînes, puis se mettait à genoux à leur côté et priait avec ferveur, demandant à Dieu de leur pardonner et de les préserver de toutes les peines de l'autre vie.

Plus que jamais elle s'efforçait d'être présente à la mort de ses chers pauvres; pendant des heures entières elle priait auprès d'eux, demandant à Notre-Seigneur de leur ouvrir la porte de son saint paradis. Elle-même les ensevelissait dans la toile tissée de ses propres mains, ou prise dans ses propres vêtements. Elle employa ainsi un grand voile blanc qu'elle portait habituellement; mais toujours prudente dans sa charité et économe, non par avarice, mais pour donner davantage, elle ne pouvait souffrir qu'on employât pour ensevelir les morts des étoffes neuves ou précieuses. Elle exigeait qu'on en prît de vieilles et usées et qu'on donnât aux pauvres le prix des neuves.

Une vie si active et si saintement occupée remplissait l'âme d'Élisabeth d'une joie inaltérable. La pensée de Dieu, pour lequel elle faisait toutes ces choses, ne la quittait jamais: souvent elle interrompait ses saintes occupations pour dire à haute voix : « O Seigneur! je ne peux pas assez vous remercier de ce que vous me donnez l'occasion de recueillir ces pauvres gens qui sont mes plus chers amis, et de ce que vous me permettez de les servir moi-même. »

Un jour elle priait ainsi, et voilà que les pauvres virent un ange qui s'approcha d'Élisabeth et lui dit : «Réjouis-toi Élisabeth; car, toi aussi, tu es l'amie de Dieu et tu brilles devant ses yeux comme la lune. »

Une autre fois Élisabeth était partie en chariot afin d'acheter quelques jouets en verre pour ses chers petits orphelins. Elle tenait ces objets dans un des pans de son manteau, quand la voiture versa et tomba du haut d'un rocher sur un tas de pierres. Élisabeth aurait dû être grièvement blessée: Dieu protégea l'amie de ses pauvres:

Sainte Élisabeth et les œuvres de miséricorde.

non seulement elle n'eut aucun mal, mais aucun des objets fragiles qu'elle portait ne fut brisé. Aussitôt elle alla les donner à ses chers petits.

Une autre fois, elle portait dans son tablier des vivres pour les malheureux, quand elle s'aperçut avec effroi qu'elle n'en avait pas suffisamment, car, à chaque instant, de nouveaux mendiants venaient. Elle ne dit rien et se mit à prier intérieurement; puis, confiante dans la Providence, elle continua à distribuer tout ce qu'elle avait dans sa robe. A mesure qu'elle en retirait des morceaux, ils étaient remplacés par d'autres, de telle sorte que tous les pauvres étant rassasiés, il en restait encore: absolument comme le jour où Notre-Seigneur nourrit la multitude avec cinq pains et deux petits poissons, et que les disciples ayant recueilli les restes, ils en remplirent douze corbeilles.

Voyez, mes enfants, ce que peut faire la sainteté et la foi! Notre-Seigneur nous l'a promis, en disant: « *En vérité, je vous le dis, celui qui croit en moi fera les œuvres que je fais et en fera encore de plus grandes.* »

Notre-Seigneur a dit aussi: « *Si vous aviez de la foi comme un grain de sénevé, vous transporteriez les montagnes.* » Ce qui ne signifie pas qu'il faut prier pour transporter les Pyrénées au pôle nord ou l'Himalaya aux bords de la Seine, cela serait parfaitement inutile; mais avec de la foi et de la confiance en Dieu, on peut réussir dans les choses les plus difficiles.

Élisabeth ne se contentait pas de venir au secours des populations qu'elle pouvait visiter elle-même; sa sollicitude s'étendait sur tous les pauvres de la Thuringe. Elle fit vendre ses bijoux et ses pierreries, et ordonna que le prix leur en fût distribué.

Le temps de la moisson étant revenu, Élisabeth réunit tous les pauvres hommes et femmes en état de travailler; elle leur donna des faux, des chemises neuves, des souliers pour que leurs pieds ne fussent pas meurtris et elle les envoya à l'ouvrage. A tous ceux qui n'étaient pas assez forts pour travailler elle donna des vêtements, et à chaque pauvre qui s'en allait, elle faisait de tendres adieux et ajoutait une petite somme à ses autres dons. Quand l'argent lui manqua, elle prit ses voiles et ses robes de riches étoffes et les leur partagea en disant:

« Je ne veux pas que vous vous serviez de ces objets comme d'une parure, mais que vous les fassiez vendre pour subvenir à vos besoins, et que vous travailliez selon vos forces, car il est écrit: « Que celui qui ne travaille » point ne mange point. »

Une pauvre vieille femme à qui la duchesse avait donné des chemises, des souliers et un manteau, fut tellement saisie de joie qu'elle tomba comme morte, et la bonne Élisabeth tout effrayée courut la relever.

La disette était finie, mais la reconnaissance du peuple ne finit pas avec elle. Maintenant encore on montre la *fontaine d'Élisabeth*. C'est là que la sainte reine lavait le linge des pauvres et les pauvres eux-mêmes. On appelle le terrain qui l'entoure: le *jardin d'Élisabeth;* et une chaumière où Élisabeth donnait rendez-vous à ses pauvres, porte encore le nom de *repos des pauvres*.

CHAPITRE XXXIII

RETOUR DE LOUIS — NOUVEAU MIRACLE

En apprenant les maux qui désolaient son duché, Louis sollicita de l'empereur l'autorisation de revenir en Thuringe.

Grande fut la joie du peuple, et plus grande encore celle d'Élisabeth; mais les officiers de la couronne, par crainte de la colère du duc en apprenant ce qu'étaient devenus ses trésors et ses provisions, vinrent au-devant de lui et lui racontèrent avec grande indignation ce qu'ils appelaient les folles largesses d'Élisabeth.

« Malgré tous nos efforts, dirent-ils, elle a vidé tous les greniers de la Wartbourg et dissipé tout l'argent que notre prince et seigneur avait laissé à notre garde. »

Louis les interrompit vivement: « Ma chère femme se porte-t-elle bien? dit-il, voilà tout ce que je veux savoir. Que m'importe le reste? Laissez ma bonne petite Élisabeth faire autant d'aumônes qu'il lui plaît. J'entends que vous l'aidiez au lieu de la contrarier; laissez-lui donner tout ce qu'elle veut pour Dieu; pourvu seulement qu'elle me laisse Eisenach, la Wartbourg et Naumbourg, Dieu nous rendra le reste quand il le trouvera bon. Ce n'est pas l'aumône qui nous ruinera jamais! »

Et il se hâta d'aller trouver sa chère Élisabeth.

« Chère sœur, lui dit-il, que sont devenus les pauvres gens pendant cette mauvaise année? »

Elle répondit doucement:

« J'ai donné à Dieu ce qui était à lui, et Dieu nous a gardé ce qui est à toi et à moi. »

Ils entrèrent ensuite tous deux au château, et, comme ils se promenaient en long et en large dans la grande salle, le duc vit entrer de toutes parts le blé sous les portes, tellement qu'on marchait dessus.

Il demanda au sénéchal d'où venait une chose si extraordinaire.

« Les greniers sont tellement pleins, répondit le sénéchal, que le blé déborde de toutes parts et ruisselle sur le plancher. »

Louis et Élisabeth remercièrent Dieu.

CHAPITRE XXXIV

LOUIS CONTINUE A PRATIQUER LA CHARITÉ ET LA JUSTICE LE SEIGNEUR DE SETTELSTAEDT

Malgré son extrême jeunesse, Louis était si connu pour sa sagesse que l'empereur l'avait chargé d'importantes négociations. Néanmoins le soin qu'il apportait à répondre à la confiance de l'empereur, ne lui faisait pas oublier les intérêts des moindres de ses sujets. Il se mit à parcourir ses États pour découvrir et réparer tout le mal qui avait pu se faire pendant son absence. Plusieurs chevaliers, qui avaient oppressé leurs vassaux, redoutèrent sa justice et prirent la fuite à son approche : il s'empara de leurs châteaux et fit détruire de fond en comble ceux de Sulty et de Kalbenrüch.

Il se rendit aussi le plus tôt possible à sa chère abbaye

de Reynhartsbrunn, où il avait fait préparer sa sépulture et où sa première visite était toujours pour l'hospice des pauvres et des pèlerins. Il consolait les malades et les infirmes, et leur laissait toujours une aumône. Souvent cette aumône était une partie de son riche vêtement.

Cette fois il apprit que le seigneur de Saltza avait profité de son absence pour s'emparer d'un terrain appartenant aux religieux et situé sur le mont Aldenberg qui dominait la vallée où était bâti le monastère. Il y avait construit un château fort, et de là il pouvait impunément tourmenter les religieux et leurs sujets.

Louis accourut aussitôt : c'était un samedi.

Le lendemain il entendit dès l'aube une messe basse et dit à l'abbé : « Ne chantez pas la Messe jusqu'à mon retour. »

Il monta à cheval et conduisit ses soldats à l'attaque du château. Les soldats dressèrent leurs échelles, les murs furent escaladés et le seigneur de Saltza qui ne s'attendait pas à une si brusque attaque, fut fait prisonnier.

Le duc le fit enchaîner et mener à pied à l'abbaye; ensuite il fit sortir la Croix et suivit la procession. Le méchant seigneur et ses soldats étaient conduits enchaînés devant la Croix.

Après la Messe, il fit jurer au duc de Saltza qu'il n'attaquerait plus jamais le monastère ni aucune des propriétés qui en dépendaient; il lui rendit sa liberté, mais il fit raser le château.

Craignant que ses visites ne fussent une source de dépenses pour le monastère, et n'amoindrissent ainsi le bien de Dieu et des pauvres. Louis avait établi à Reynhartsbrunn une cuisine et une cave spéciales pour l'usage de sa maison; et, à chaque départ, il laissait des restes si abondants que le couvent entier pouvait s'en nourrir pendant trois jours.

Mais le jour de la prise du sire de Saltza, l'Abbé, c'est-à-dire le Supérieur du monastère, pria le duc de prendre son repas avec lui et lui fit servir un riche festin. En se levant de table, le duc cependant prit à part son trésorier, et lui ordonna de payer largement toute la dépense. Le trésorier obéit, mais les religieux refusèrent.

« Cher seigneur trésorier, lui dirent-ils, tout ce que nous avons, pauvres moines que nous sommes, est à la disposition de notre bon seigneur non seulement aujourd'hui, mais toutes les fois qu'il le désirera: nous ne voulons pas de son argent. »

Le trésorier n'insista pas et partit avec le duc; arrivés à moitié chemin, le duc se tournant vers lui, lui demanda s'il avait ponctuellement exécuté ses ordres.

Le trésorier raconta ce qui s'était passé. Le duc en fut vivement irrité:

« Puisque tu n'as pas voulu payer de mon argent ce que j'ai dépensé, lui dit-il, tu le paieras du tien. » Le pauvre homme fut obligé de retourner à Reynhartsbrunn et de tout payer de sa propre bourse.

Il y eut vers cette époque à Merseburg une brillante assemblée de princes. Louis y mena Élisabeth. Ils étaient accompagnés d'une nombreuse suite de seigneurs et de dames, parmi lesquelles une demoiselle d'une grande beauté, montée sur un cheval magnifique et avec un beau faucon sur le poing. Cette demoiselle était suivie d'un chevalier Thuringien, nommé Gauthier de Settelstaedt. C'était un homme renommé pour sa valeur et sa piété. Il était grand ami du duc et officier de sa maison.

Le long de la route, Gauthier s'arrêtait pour jouter (c'est-à-dire se battre) contre les seigneurs qu'il rencontrait, à la condition que, s'il était désarçonné, son adversaire lui enlèverait son armure et ses équipages, le palefroi et le faucon de la demoiselle, et que la demoiselle elle-même serait obligée de donner un anneau d'or pour sa rançon. En revanche, si Gauthier était vainqueur, le chevalier vaincu devait offrir un anneau d'or à la demoiselle.

Tout le monde voulait avoir l'honneur de jouter contre le sire de Settelstaedt, et, pour mettre les chevaliers d'accord, il était obligé de désigner lui-même son adversaire.

Il fit le voyage de Merseburg et revint sans jamais avoir été vaincu.

La demoiselle avait à chaque doigt de ses deux mains un anneau payé par un chevalier vaincu. Le sire Gauthier fit hommage des dix anneaux aux dames et aux filles d'honneur d'Élisabeth. Elles en furent ravies, et toutes, ainsi que la duchesse, le remercièrent de sa générosité.

CHAPITRE XXXV

LA CROISADE — DÉPART DE LOUIS

Je suppose, mes enfants, que vous savez tous l'histoire des croisades, de Pierre l'Ermite qui prêcha la première, de Godefroy de Bouillon, de Richard Cœur de lion et de Philippe-Auguste, qui vainquirent ensemble le fameux Saladin, chef des musulmans, de saint Louis qui entreprit deux croisades et mourut pendant la seconde. Vous vous souvenez aussi que les croisades étaient des guerres saintes entreprises pour délivrer le tombeau de Notre-Seigneur des mains des infidèles, et que le nom de *croisades* et de *croisés* venait de la croix rouge que portaient tous ceux qui avaient juré de faire la guerre sainte.

Dans tous les pays chrétiens, la pensée de délivrer le tombeau de Notre-Seigneur était alors la pensée, le désir, l'ambition de tous.

Hélas ! maintenant que les voyages sont devenus si faciles, c'est à peine si quelques centaines de pèlerins vont chaque année, non pas verser leur sang, mais seulement prier devant le tombeau de Notre-Seigneur. Cela est triste.

Aussi, suis-je certaine que, si vous aviez vécu du temps des croisades, vous, mes chers petits garçons, qui avez de bons cœurs chrétiens, vous auriez voulu partir, un grand sabre à la main ; et vous, mes petites filles, vous auriez fait comme les femmes et les sœurs des chevaliers chrétiens, vous auriez prié pour que Dieu daignât bénir l'entreprise de vos frères.

Priez, mes chères petites, et vous aussi, mes chers petits garçons, priez pour les missionnaires, priez pour les pèlerins qui portent aussi la croix sur la poitrine comme les anciens croisés. Priez, donnez généreusement l'argent de vos petites bourses et les bons pèlerins, à genoux sur la montagne du Calvaire, diront de votre part à notre divin Sauveur combien vous l'aimez. Plus tard, vous irez le lui dire vous-mêmes.

L'empereur Frédéric II ayant annoncé son prochain départ pour la Palestine et ayant invité les seigneurs à le suivre, ils accoururent en foule. « Tous s'en iront », disait un poète du temps, et il ajoutait un mot que vous ne répéterez pas, mais qui alors pouvait se dire en bonne compagnie.

« Et li morvens et li cendrens demourront. » Ce qui signifie qu'il ne restera que les *morveux* et les cendreux, c'est-à-dire, les paresseux qui restent toujours à se chauffer au coin du feu.

Tel que vous le connaissez, vous avez deviné que Louis fut un des premiers croisés.

La pensée du départ de son mari et plus encore celle des dangers qu'il allait courir, était un affreux chagrin pour Élisabeth. « Mais contre le gré de Dieu, lui dit-elle, je ne veux pas te garder. Que Dieu t'accorde la grâce de faire en tout sa volonté; je lui ai fait le sacrifice de toi et de moi-même. Que sa bonté veille sur toi; que tout bonheur soit avec toi à jamais! Ce sera ma prière de chaque instant. Pars donc au nom de Dieu. »

Le duc réunit à Creutzbourg tous les seigneurs de Thuringe. Il leur exposa son projet et convint avec eux des mesures à prendre pour le gouvernement du royaume en son absence :

« Dieu, leur dit-il, m'a accordé la paix et des jours tranquilles. Je ne vois autour de moi aucun voisin que j'aie à craindre, comme aussi aucun d'eux n'a à craindre de moi aucune violence injuste. Je suis maintenant en paix avec tout le monde, grâce au Seigneur qui donne la paix. Vous devez donc tous reconnaître ce bienfait et en remercier Dieu ; quant à moi, par amour de ce Dieu qui m'a comblé de ses grâces, pour lui en témoigner toute ma gratitude et pour le salut de mon âme, je veux aller maintenant dans le pays d'Orient pour y consoler la chère chrétienté qui y est opprimée et pour la défendre contre les ennemis du nom et du sang de Dieu. Je ferai cette expédition lointaine à mes propres dépens, et sans vous imposer à vous, mes chers sujets, aucune charge nouvelle. Je recommande à la protection du Très-Haut ma bonne et bien-aimée épouse, mes petits enfants, mes chers frères, mes amis, mon peuple et mon pays, tout ce que je quitte enfin de bon cœur pour l'honneur de son saint nom. Je vous recommande fortement de garder la paix entre vous pendant mon absence ; je veux surtout que les seigneurs se conduisent chrétiennement envers mon pauvre peuple. Enfin je vous demande en grâce de prier beaucoup Dieu pour moi ; qu'il me défende de tout malheur pendant mon voyage et qu'il me ramène sain et sauf au milieu de vous, si toutefois telle est sa clémente volonté ; car, avant tout, je me soumets, moi et vous, et tout ce que j'ai, à la volonté de sa divine Majesté. »

Toute l'assemblée fondait en larmes.

Louis recommanda ensuite sa chère Élisabeth à la sollicitude de sa mère, de ses frères et de tous ses officiers.

« Je sais bien, dit alors le célérier, que madame la duchesse donnera tout ce qu'elle trouvera et qu'elle nous réduira à la misère. »

Adieux de sainte Élisabeth à son époux, le duc Louis partant pour la guerre sainte.

Louis répondit que cela lui était égal et que Dieu saurait bien remplacer tout ce qu'elle donnerait.

Pour unir le peuple aux pensées chrétiennes qui occupaient son âme, Louis fit représenter à Eisenach un drame qui reproduisait la passion et la mort de Notre-Seigneur. Ces sortes de représentations avaient souvent lieu au moyen âge, et rien n'était plus pieux et plus touchant. Maintenant encore le drame de la passion est représenté tous les dix ans dans un village des montagnes du Tyrol.

Avant son départ, Louis visita tous les couvents, demandant partout des prières pour lui et pour le succès de son entreprise.

Il alla d'abord à Reynhartsbrunn. Après avoir assisté à l'office, il se plaça à côté du prêtre qui aspergeait, et, à mesure que chaque religieux venait recevoir de l'eau bénite, il l'embrassait. Quand vint le tour des enfants de chœur, il les souleva dans ses bras et déposa sur leur front un paternel baiser.

Tous les religieux pleuraient, Louis pleurait aussi; ce fut au milieu des sanglots qu'il dit adieu à ses chers moines de Reynhartsbrunn. Il partit pour Schmalkalde où il avait donné rendez-vous aux chevaliers qui devaient le suivre en Palestine.

Il prit à part son frère Henri :

« J'ai fait tout ce que je pouvais, avec l'aide de Dieu, pour marcher dans les voies du salut de mon âme, lui dit-il, et je ne me souviens de rien qui puisse le compromettre, si ce n'est de n'avoir pas encore détruit, comme mon père me l'avait ordonné, le château d'Eyterburg qui a été construit au préjudice du monastère voisin. Je te supplie donc, très doux frère, de ne pas oublier de le renverser de fond en comble, dès que je serai parti; cela profitera au salut de ton âme. » Louis bénit ses deux frères, ses enfants et son Élisabeth.

Ses petits enfants le tenaient par ses habits, l'embrassaient en pleurant et lui disaient :

« Bonsoir, cher père : mille fois bonsoir, cher père au cœur d'or. »

Louis tenait contre son cœur sa mère et sa femme : « Ma mère chérie, dit-il enfin, je te laisse au lieu de moi tes deux autres fils Conrad et Henri. Je te recommande ma femme dont tu vois l'angoisse. »

Louis et les siens n'étaient pas les seuls affligés. Il y avait là bien des pères, des maris et des frères qui pleuraient comme leur seigneur pour s'arracher à leurs familles et à leurs amis. Ils partaient tous pour longtemps et la plupart probablement pour ne pas revenir. Le déchirement était affreux, on entendait de tous côtés des gémissements et des sanglots.

Néanmoins l'amour de Dieu fut plus fort que la douleur. Pendant que les uns pleuraient, les autres entonnèrent un hymne pour remercier Dieu qui daignait les faire combattre en l'honneur de son saint nom. Le son de ces cantiques se mêla aux cris de deuil et aux gémissements. Le duc se fraya un chemin à travers le peuple qui voulait le retenir, se jeta sur son coursier, se plaça au milieu des croisés et mêla sa voix aux chants sacrés qu'ils répétaient en chœur.

Élisabeth était encore auprès de Louis. Elle n'avait pu se résigner à lui dire adieu en même temps que les autres.

Ils chevauchaient l'un à côté de l'autre : Élisabeth, incapable de parler, ne faisait plus que soupirer.

Le sire de Varilla s'approcha du duc.

« Monseigneur, il est temps, dit-il, laissez partir madame la duchesse, il faut bien que cela soit. »

Louis donna le signal du départ, et, montrant à Élisabeth un anneau qu'il portait au doigt :

« Élisabeth, ô la plus chère des sœurs, lui dit-il, regarde bien cet anneau que j'emporte avec moi et où est gravé, sur un saphir, l'Agneau de Dieu avec sa bannière : que ce soit à tes yeux un signe certain pour tout ce qui me regarde. Celui qui t'apportera cette bague, chère et fidèle sœur, et qui te racontera que je suis en vie ou bien mort, crois à tout ce qu'il te dira. Que le Seigneur te bénisse, chère petite Élisabeth ! Que le Seigneur très fidèle garde ton âme et ton courage ! Adieu, ne m'oublie dans aucune de tes prières. Adieu, je ne puis plus rester ! »

Et il partit.

Élisabeth, tout inondée de larmes, le suivit longtemps du regard, puis elle revint à la Wartbourg.

CHAPITRE XXXVI

VOYAGE DE LOUIS — SA MORT

Heureux du sacrifice qu'ils faisaient pour Dieu, Louis et ses chevaliers marchèrent désormais avec joie et allégresse. Les plus puissants seigneurs de la Thuringe accompagnaient Louis. Ils étaient à cheval et suivis de leurs vassaux. Les fantassins, c'est-à-dire les hommes à pied, étaient peu nombreux à cause de la distance. Cinq prêtres suivaient l'armée pour dire la sainte messe et confesser les croisés.

Ceux-ci prirent la route de la Franconie, de la Souabe et de la Bavière. (J'invite mes petits lecteurs à suivre leur route sur la carte.) Ils franchirent les Alpes Tyroliennes et rejoignirent l'empereur en Apulie.

La réunion générale eut lieu vers la fin d'août 1227 dans la ville de Troja. Près de soixante mille hommes y étaient assemblés sous la bannière de la croix. L'empereur et Louis conférèrent ensemble sur les dispositions à prendre; puis, après des prières solennelles, on s'embarqua à Brindes.

A peine Louis eut-il mis le pied sur le navire qu'il se sentit envahi par la fièvre, et l'empereur, malade lui-même, fit relâcher à Otrante où était l'impératrice.

Louis alla lui rendre ses hommages; mais sa fièvre redoubla, et il put à peine regagner le vaisseau où il fut obligé de se coucher.

Le mal fit des progrès rapides. Louis, le premier, se rendit compte du danger. Il fit son testament et demanda les derniers sacrements. Il se confessa avec grande humilité, reçut l'Extrême-Onction, et ayant fait venir autour de lui tous ses chevaliers, il communia avec la plus grande ferveur.

Il était heureux de mourir sous la bannière de la croix; un seul désir occupait son âme : c'était celui de voir Dieu.

Cependant il n'oubliait pas Élisabeth. Il chargea ses chevaliers de lui apporter la bague qu'il lui avait montrée leur recommanda de prier pour lui et de rapporter son corps en Thuringe pour l'enterrer à Reynhartsbrunn; ensuite il s'écria : « Voyez, voyez ces colombes plus blanches que la neige, il faut que je m'envole avec ces belles colombes. »

Et il expira. C'était le 11 septembre 1227.

Berthold, son aumônier, vit alors les colombes. Il les suivit longtemps du regard et ne s'étonna pas que Dieu eût envoyé ses anges sous la forme de ces petites colombes chercher une âme si belle et si pieuse pour l'introduire bien vite au ciel.

Le visage de Louis, déjà si beau pendant sa vie, parut plus beau encore après sa mort. On ne pouvait le contempler sans admiration. Quant aux pauvres chevaliers, privés de leur seigneur qui était leur guide et leur père, ils poussaient des cris et des gémissements : « Las ! cher seigneur, disaient-ils, las ! bon chevalier, comment nous avez-vous laissés exilés sur une terre étrangère ? Comment vous avons-nous perdu, vous, la lumière de nos yeux, le chef de notre pèlerinage, l'espoir de notre retour ? Malheur à nous ! »

Après l'avoir soigneusement enseveli, ils se mirent pour la plupart en route afin d'accomplir leur vœu, tandis que quelques-uns, chargés par Louis de cette douloureuse mission, retournaient en Thuringe annoncer à Élisabeth que désormais pour elle il n'y avait plus de joie sur la terre.

CHAPITRE XXXVII

ÉLISABETH APPREND LA MORT DE SON MARI

Les chevaliers n'arrivèrent en Thuringe que dans le courant de l'hiver.

Élisabeth était malade. La duchesse Sophie, autrefois si cruelle envers la pauvre petite Élisabeth retrouva pour elle un cœur de mère et défendit sévèrement que la terrible nouvelle parvînt jusqu'à elle.

Cependant, quand elle fut un peu remise, il fallut bien lui dire la triste vérité ; ce fut Sophie elle-même qui, suivie de plusieurs nobles dames, vint trouver sa belle-fille. Élisabeth les fit asseoir autour de son lit : elle ne soupçonnait pas le but de leur visite :

« Prenez courage, ma fille bien-aimée, dit Sophie, et ne vous laissez pas troubler par ce qui est arrivé à votre mari, mon fils, par la volonté de Dieu, à qui, comme vous le savez, il s'était entièrement abandonné. »

Élisabeth croyant que son mari avait été fait prisonnier, répondit : « Si mon mari vit, avec l'aide de Dieu et de mes amis, il sera bientôt racheté. Mon père, j'en suis sûre, viendra à notre secours, et j'en serai bientôt consolée. »

Mais la duchesse Sophie reprit : « O ma bien chère fille, soyez patiente et prenez cette bague qu'il vous a envoyée, car, pour notre malheur, il est mort.

« Ah ! madame, que dites-vous ? » s'écria la pauvre Élisabeth.

« Il est mort » répéta Sophie.

Élisabeth devint pâle, puis toute rouge ; elle laissa tomber ses bras sur ses genoux ; bientôt joignant les mains ! « Ah ! Seigneur mon Dieu, dit-elle, Seigneur mon Dieu ! voilà que le monde entier est mort pour moi, le monde et tout ce qu'il renferme de doux. Mort ! mort ! mort ! » répétait-elle en pleurant, et elle ajoutait : « Maintenant j'ai tout perdu, ô mon bien-aimé frère, ô mon bon et pieux époux ! Comment vivrai-je sans toi ? Ah ! pauvre veuve abandonnée, malheureuse femme que je suis ! que Celui-là qui n'abandonne pas les veuves et les orphelins me console ! O mon Dieu, consolez-moi ! O mon Jésus, fortifiez-moi dans ma faiblesse ! »

La duchesse Sophie mêla ses larmes à celles de sa belle-fille ; les nobles dames et demoiselles qui assistaient à ce triste spectacle firent de même. Toute la maison ducale, toute la population de la Wartbourg et du duché étaient dans la désolation. On n'entendait partout que des pleurs et des sanglots.

CHAPITRE XXXVIII

ÉLISABETH EST CHASSÉE DE LA WARTBOURG

Vous avez tous lu l'Évangile, mes chers enfants, et vous y avez vu que Notre-Seigneur a toujours souffert sur la terre et qu'il a dit : « Si quelqu'un m'aime, qu'il porte sa croix et qu'il me suive. »

Pour l'amour de Jésus-Christ, il faut donc porter sa croix, il faut souffrir. Tous les saints ont souffert, et, comme vous l'avez déjà vu et comme vous le verrez encore, la chère sainte Élisabeth ne fut pas épargnée.

Je pense que vous vous souvenez combien, dès son enfance, les officiers de la cour la haïssaient à cause de sa charité et de sa piété. Les méchants haïssent toujours les bons.

Pendant la vie du landgrave Louis, ils n'osaient pas cependant dire toute leur pensée; mais aussitôt qu'ils eurent appris sa mort, ils vinrent trouver son frère Henri et lui adressèrent cet infâme discours :

« Vous êtes le maître ici : le fils de votre frère n'est qu'un enfant; hâtez-vous de chasser Élisabeth et emparez-vous du royaume de son époux. »

Henri, au lieu de répondre qu'il ne dépouillerait pas les orphelins de son frère et qu'il voulait être au contraire leur défenseur et leur appui, prêta l'oreille à ces mauvais conseils. Conrad fit de même, et tous deux permirent aux officiers de la cour de chasser Élisabeth.

Celle-ci était auprès de sa belle-mère, quand ils vinrent l'accabler d'injures et lui reprocher d'avoir ruiné le pays: « Pour châtiment de vos crimes, lui dirent-ils, Henri, désormais seul souverain, vous intime l'ordre de sortir à l'instant du château. »

Élisabeth les supplia de lui accorder un délai, mais ils furent inexorables.

Sophie la prit alors entre ses bras.

« Elle restera avec moi, s'écria-t-elle, personne ne me l'arrachera. Où sont mes fils? Je veux leur parler. »

Mais les officiers répondirent :

« Non, il faut qu'elle sorte d'ici à l'instant. »

Sophie, ne pouvant résister à leur violence, voulut du moins accompagner Élisabeth jusqu'à la porte du château. Elles y trouvèrent deux filles d'honneur qui devaient partager le sort de leur maîtresse et qui lui amenaient ses quatre pauvres petits enfants.

A la vue de ces orphelins chassés de la demeure de leur père la duchesse voulut encore essayer de fléchir ses fils; mais on lui dit qu'ils n'étaient pas à la Wartbourg et, en effet, honteux de leurs crimes, ils s'étaient cachés !

CPAPITRE XXXIX

ÉLISABETH QUITTE LA WARTBOURG — ELLE CHERCHE EN VAIN UN ASILE

Sophie pleura et supplia longtemps; mais enfin il fallut laisser partir Élisabeth. Les portes du château dont elle avait été dame et maîtresse, se refermèrent sur elle. Suivie de ses trois petits enfants et portant le quatrième entre ses bras, elle descendit à pied et en pleurant le rude sentier qui menait à la ville. C'était en hiver, le froid était extrême.

Élisabeth, maintenant pauvre et délaissée, allait demander un secours et un asile à ces habitants d'Eisenach qu'elle avait jadis comblés de ses bienfaits.

Vous croyez sans doute, mes enfants, que tous les cœurs et toutes les portes s'ouvrirent pour la consoler et l'accueillir ?

Eh bien, non.....

Le cruel Henri avait fait proclamer dans la ville que quiconque donnerait asile à la femme de son frère, s'attirerait son courroux.

Et ces ingrats avaient mieux aimé abandonner leur bienfaitrice !

Élisabeth erra longtemps à la recherche d'un asile. Enfin elle en trouva un dans une maison dont on fit sortir les pourceaux pour lui laisser leur place !

Quel asile, mes enfants, pour une princesse de Hongrie, pour une duchesse de Thuringe ! Mais Élisabeth n'était par seulement une duchesse, elle était avant tout une chrétienne et une sainte. Aussi, lorsqu'elle se vit traitée en quelque sorte comme Notre-Seigneur et la Sainte Vierge dans l'étable de Bethléem, ses pleurs cessèrent aussitôt et son cœur fut rempli de joie.

A minuit, elle entendit la cloche qui sonnait l'office dans l'église des Franciscains ; elle y alla aussitôt, et, l'office terminé, elle pria les religieux de chanter le *Te Deum* pour remercier Dieu en son nom, car elle était mille fois plus heureuse de sa pauvreté que les autres ne le sont de leurs richesses. Elle-même louait Dieu à haute voix, et toujours humble elle disait : « Seigneur, il faut que votre volonté soit faite ! Hier, j'étais duchesse, avec de grands et riches châteaux ; aujourd'hui me voilà mendiante et personne ne veut me donner asile. Seigneur, si je vous avais mieux servi pendant que j'étais souveraine, si j'avais fait plus d'aumônes pour l'amour de vous, c'est maintenant que je m'en féliciterais ; malheureusement, il n'en a pas été ainsi ! »

Pleine de courage pour elle-même, la pauvre Élisabeth

Sainte Élisabeth, après la mort de son époux, est chassée du château de la Wartbourg.

sentait cependant son cœur se briser à la vue de ses petits enfants mourant de froid et de faim.

« J'ai mérité de les voir souffrir ainsi, disait-elle, je m'en repens amèrement !... Mes enfants sont nés princes et princesses, et les voilà affamés, n'ayant pas même de la paille pour se coucher ! J'en ai le cœur percé d'angoisse à cause d'eux. Quant à moi, vous savez, ô mon Dieu, que je suis indigne d'avoir été élue par vous à la grâce de la pauvreté ! »

Elle resta assise dans l'église le reste de la nuit et une partie du jour suivant, et lorsque le froid et la faim dont se plaignaient ses enfants, devinrent trop intenses, elle alla de nouveau mendier un gîte.

Longtemps elle erra vainement. Enfin un prêtre, très pauvre lui-même, lui offrit un asile et prépara pour sa souveraine et ses enfants des lits de paille, seule chose qu'il pût leur donner. Quant à la nourriture, cela lui était impossible, il n'avait rien lui-même. Élisabeth mit donc en gage quelques bijoux qu'elle avait sur elle au moment où elle avait été chassée de la Wartbourg.

Le cruel Henri ayant appris que sa belle-sœur avait trouvé ce pauvre asile, lui fit aussitôt intimer l'ordre d'aller loger chez un des seigneurs de la cour qui avait toujours été un de ses plus mortels ennemis. Force lui fut d'obéir, et ce misérable, qui possédait une vaste habitation, ne rougit pas de donner à sa souveraine un réduit étroit où il la renferma avec toute sa famille. Non content de lui refuser toute nourriture et même de quoi se chauffer, il l'accabla de grossièretés et d'injures; sa femme et ses serviteurs imitèrent son exemple.

Élisabeth passa la nuit sous ce toit inhospitalier. Le lendemain matin, ne pouvant plus supporter la vue de ses enfants transis de froid et mourant de faim, elle s'en alla en disant : « Je vous remercie, ô murailles qui m'avez protégée pendant cette nuit autant que vous le pouviez contre la pluie et contre le vent ! Je voudrais, du fond de mon cœur, remercier vos maîtres ; mais, en vérité, je ne sais pas de quoi. »

Elle retourna dans le réduit où elle avait passé la première nuit ; cette demeure prise aux pourceaux était désormais la seule où la haine de ses ennemis ne la poursuivait pas. Du reste, elle passait la plus grande partie des nuits dans les églises : « De là, du moins, disait-elle, personne n'osera me chasser ; elles sont à Dieu, et Dieu seul y est mon hôte. »

CHAPITRE XL

ÉLISABETH EST OBLIGÉE DE SE SÉPARER DE SES ENFANTS — ELLE TRAVAILLE POUR GAGNER SA VIE

Si vous avez le bonheur d'avoir vos chères mamans (il y a de pauvres enfants qui ont perdu les leurs), vous savez, mes chers petits, qu'elles n'ont pas de plus grandes joies en ce monde que celle de vous voir bons et heureux. Souvent vous les avez vues tristes, parce que tout le monde a ses chagrins ; mais alors, si vous veniez passer vos petits bras autour de leur cou, leur dire que vous les aimez et leur promettre d'être bien sages, tout aussitôt vous les avez vues sécher leurs larmes et sourire avec vous.

Aussi la pauvre Élisabeth aurait-elle trouvé auprès de ses enfants la consolation la plus douce, si la vue de leurs souffrances n'avait pas été la plus grande des siennes. Elle, si résignée pour elle-même, craignait de murmurer à la vue des larmes de ses chers petits. Si elle eût été égoïste, elle les eût gardés pour la consoler; mais les mamans ne sont jamais égoïstes, et les saintes moins encore que toutes les autres.

Élisabeth se résigna donc : elle confia ses chers trésors à des personnes sûres qui les cachèrent si bien que leurs méchants oncles ne purent jamais les trouver. Elle-même se mit à gagner sa vie en filant et elle était si laborieuse, si mortifiée et si charitable que, après avoir payé sa frugale nourriture, il lui restait encore quelques petites pièces de monnaie pour donner aux pauvres qu'elle rencontrait.

CHAPITRE XLI

LA VIEILLE MENDIANTE

Il y avait à Eisenach une vieille mendiante qu'Élisabeth avait longtemps secourue. Or, un jour, comme la princesse traversait un ruisseau bourbeux sur lequel on avait jeté quelques pierres étroites pour aider les passants à le franchir, elle rencontra cette vieille, qui, s'avançant en même temps qu'elle, la heurta rudement et la fit tomber tout de son long. Quand elle la vit dans cette eau sale :

« Te voilà bien ! lui dit-elle, tu n'as pas voulu vivre en duchesse pendant que tu l'étais : te voilà pauvre et couchée dans la boue, ce n'est pas moi qui te ramasserai. »

Qu'auriez-vous fait à la place d'Élisabeth, mes enfants ? Qu'auriez-vous dit à cette méchante ingrate ?

Élisabeth toujours patiente se releva en riant : « Voilà, dit-elle simplement, pour l'or et les pierreries que je portais autrefois. » Puis elle alla, toute couverte de boue, laver ses vêtements dans une eau voisine.

CHAPITRE XLII

COMMENT NOTRE-SEIGNEUR RÉCOMPENSA LA VERTU D'ÉLISABETH

Il y avait une des filles d'honneur d'Élisabeth qui, dans ses malheurs, n'avait jamais voulu la quitter. C'était Ysentrude.

Un jour qu'Élisabeth était en prières, cette fidèle servante la vit immobile et si occupée de Dieu que le monde entier ne semblait plus exister pour elle. Et cependant ses traits exprimaient tour à tour la joie la plus vive ou la plus douloureuse tristesse ; puis tout à coup, Ysentrude l'entendit s'écrier : « Oui, certes, Seigneur, si tu veux être avec moi, je veux être avec toi et n'en être jamais séparée. »

Ysentrude, d'abord très étonnée, eut soin de garder le silence et de ne pas troubler la prière d'Élisabeth. Souvenez-vous bien de cela, mes enfants : la prière est la conversation des âmes avec Dieu. Ne dérangez donc jamais quelqu'un qui prie. Combien d'enfants le font !

J'en vois (ce n'est certainement pas vous) qui, à l'église, ne laissent pas un instant de repos aux personnes qui sont avec eux.

Il est juste, mes chers enfants, surtout si vous êtes très jeunes, qu'on vous montre ce que vous devez lire, qu'on vous indique de temps en temps où on en est du Saint Sacrifice, qu'on vous apprenne à vous unir aux prières de l'Église ; mais cela peut se faire en très peu de temps et en très peu de paroles ; cela ne vous oblige pas à tirer sans cesse la robe de votre maman, en disant : « Maman, où en est-on ?... maman, j'ai fini..., maman, mon frère lit dans mon livre... »

A l'église, mes enfants, il faut parler le moins possible ; c'est la maison du Bon Dieu, et c'est à lui seul qu'on a le droit de parler beaucoup. C'est ce que font vos mamans qui demandent pour vous la sagesse, la douceur, etc... Faites comme elles, et priez pour vous, pour vos mamans, pour vos frères, pour vos sœurs, pour tout le monde, et même pour demander simplement tout ce qui peut vous faire plaisir. Alors vous aurez tant de choses à dire que vous n'aurez jamais le temps de vous ennuyer.

Ysentrude attendit donc patiemment qu'Élisabeth eût fini ; plus tard, elle lui demanda ce qui l'avait ainsi tour à tour fait sourire et pleurer.

Élisabeth qui était très humble, aurait mieux aimé se taire ; mais Ysentrude la supplia si instamment qu'elle lui dit enfin :

« J'ai vu le ciel entr'ouvert, et mon Seigneur, le très

miséricordieux Jésus, a daigné s'abaisser vers moi et me consoler des tribulations dont je suis accablée. Il m'a parlé avec une extrême douceur; il m'a appelée sa sœur et son amie. Il m'a fait voir sa très chère Mère Marie et aussi son bien-aimé apôtre saint Jean qu'il avait avec lui. A la vue de mon divin Sauveur, j'ai dû montrer ma joie et mon sourire; quelquefois il détournait son visage de moi comme pour se retirer, et alors je pleurais de ce que mes mérites étaient trop faibles pour me permettre de le voir longtemps. Mais lui, par pitié de moi, tourna encore une fois ses regards célestes sur moi et me dit: « Élisabeth, si tu veux bien être à moi, je veux bien « être à toi et n'être jamais séparé de toi. » Et aussitôt je lui ai répondu : Oui, oui, Seigneur, je veux être à toi et n'être jamais séparée de toi ni en heur ni en malheur. »

Il est peu probable, mes enfants, que vous soyez jamais assez saints pour que Dieu vous parle de la même façon qu'à sainte Élisabeth; cependant il y en a peut-être un ou plusieurs parmi vous qui entendront un jour au fond du cœur une de ces mêmes paroles? « Veux-tu être à moi? »

Alors il faudra bien vite répondre : « Oui, oui, Seigneur, je veux être à toi. » Ce qui signifie que vous le remerciez de l'immense grâce de la vocation religieuse.

Heureux enfants!

CHAPITRE XLIII

LE PARDON DES INJURES

Un jour qu'Élisabeth avait été en butte à des persécutions si cruelles que son âme, généralement si douce, en était bouleversée, elle alla comme toujours chercher sa consolation dans la prière. Elle se mit à pleurer ; mais au lieu de se plaindre et de murmurer, elle pria pour ses persécuteurs et demanda instamment au Seigneur de leur accorder un bienfait pour chacune des injures qu'elle en avait reçues.

Quelle belle prière, mes enfants ! Aussi elle entendit une voix du ciel qui lui disait : « Jamais tu n'as fait de prières qui me fussent aussi agréables. Elles ont pénétré jusqu'au fond de mon cœur. C'est pourquoi je te pardonne tous les péchés que tu as jamais commis de ta vie. »

« Qui êtes-vous qui me parlez ainsi ? » s'écria Élisabeth tout étonnée.

« Je suis Celui auprès de qui Marie-Madeleine est venue s'agenouiller dans la maison de Simon le lépreux » répondit la voix.

CHAPITRE XLIV

APPARITION DE LA TRÈS SAINTE VIERGE

La Sainte Vierge, mes enfants, est si bonne, si compatissante pour les hommes qu'elle daigne les instruire elle-même. Les saints la voient : quant à nous autres, pauvres pécheurs, c'est sa parole que nous entendons au fond de nos cœurs lorsque nous avons le désir de nous corriger pour plaire à son divin Fils.

Un jour Élisabeth pensait à la fuite en Égypte et éprouvait un grand désir de connaître les détails de ce merveilleux voyage. La Sainte Vierge lui apparut alors, et lui dit :

« Si tu veux être mon élève, moi je serai ta maîtresse ; si tu veux être ma servante, moi je serai ta dame. »

— Qui êtes-vous ? » s'écria Élisabeth surprise.

« Je suis, répondit Marie, la Mère du Dieu vivant. »

Élisabeth joignit les mains et les étendit vers la très Sainte Vierge, qui daigna les prendre entre les siennes, et lui dit :

« Si tu veux être ma fille, moi je veux être ta Mère ; et quand tu seras bien instruite et obéissante comme une bonne élève, une servante fidèle et une fille dévouée, je te mettrai entre les mains de mon Fils. Évite toutes les discussions et ferme les oreilles à toutes les injures que l'on dit de toi. »

Quelque temps après (c'était le jour de sainte Agathe) Élisabeth, craignant d'avoir désobéi aux ordres de la Sainte Vierge, pleurait amèrement. Cette divine Mère lui apparut alors : « O ma fille, lui dit-elle, pourquoi cette violente affliction ? Je ne t'ai pas choisie pour ma fille afin de te faire tant de mal. Ne te désespère pas parce que tu n'as pas pleinement observé mes préceptes : je savais bien d'avance que tu y manquerais. Dis une fois la salutation que l'ange m'a adressée, et cette offense te sera entièrement remise. »

Comme elle est bonne, mes enfants, la très Sainte Vierge comme elle est indulgente ! Ayez donc toujours recours à elle après une faute grande ou petite.

Quelques jours plus tard, la pieuse princesse pleurait cependant encore. Marie revint de nouveau à elle, accompagnée cette fois de saint Jean l'Évangéliste, l'ami spécial et le patron de l'enfance d'Élisabeth.

« Tu m'as choisie, lui dit la Sainte Vierge, pour maîtresse et pour Mère et tu t'es donnée toi-même à moi; mais je veux que ce choix soit publiquement confirmé, et c'est pourquoi j'ai emmené avec moi mon bien-aimé Jean. » Élisabeth joignit de nouveau les mains, les mit entre celles de la très Sainte Vierge, comme une vassale entre celles de sa suzeraine, et lui dit : « Faites de moi, madame, tout ce qu'il vous plaira, comme votre servante. »

Une nuit Élisabeth récitait l'*Ave Maria*. La Sainte Vierge lui apparut : « Je veux, dit-elle, t'apprendre toutes les prières que je faisais quand j'étais dans le temple. Je demandais surtout à Dieu de l'aimer et de haïr le péché qui est son ennemi. Je veux que tu fasses tout ce que je faisais dans le temple. Je me levais au milieu de chaque nuit et j'allais me prosterner devant l'autel où je demandais à Dieu d'observer tous les préceptes de sa loi, et je le suppliais de m'accorder les grâces dont j'avais besoin pour lui être agréable. Je lui demandais surtout de voir le temps où vivrait cette Vierge très sainte qui devait être la mère de son Fils, afin que je pusse consacrer ma vie à la servir et à la vénérer. Le Seigneur faisait de moi ce que fait de son instrument le musicien : il en ordonne et en dispose toutes les cordes pour qu'elles rendent un son agréable et harmonieux, et ensuite il en joue pendant qu'il chante. C'est ainsi que Dieu avait mis d'accord avec son bon plaisir mon âme, mon cœur, mon esprit et tous mes sens. Aussi je voulais être la servante de toutes les femmes saintes qui habitaient le temple. Je souhaitais d'être soumise à toutes les créatures par amour pour leur Père céleste. »

Une autre fois, la très Sainte Vierge dit à Élisabeth : « Ma fille, tu crois que j'ai reçu toutes les grâces sans peine. Il n'en est rien. En vérité je te le dis, je n'ai reçu aucune de ces grâces sans une prière continuelle, un ardent désir, une profonde dévotion, beaucoup de larmes et d'épreuves. On n'obtient les grâces de Dieu que par la prière et la mortification. »

Marie dit encore à Élisabeth :

« Qui est-ce qui aime Dieu ? Toi, l'aimes-tu ? Veux-tu que je te dise qui l'a aimé ? Le bienheureux Barthélemy l'a aimé, le bienheureux Jean et le bienheureux Laurent l'ont aimé. Veux-tu comme eux te laisser écorcher et brûler vive ? »

Élisabeth se taisait. Marie reprit : « En vérité, je te le dis, si tu consens à ce qu'on te prenne tout ce que tu possèdes et aimes, tu auras le même mérite que le martyr Barthélemy auquel on arracha les yeux. Si tu supportes patiemment les injures, tu auras le même mérite que Laurent quand il fut brûlé. Si tu ne réponds rien aux reproches et aux injures, tu auras le même mérite que Jean, lorsqu'on voulut l'empoisonner ; et dans tout cela, je serai là pour t'aider et te fortifier. »

Une fois enfin Élisabeth vit un superbe tombeau couvert de fleurs et la très Sainte Vierge s'éleva au ciel au milieu d'anges innombrables, qui la conduisirent entre les bras de son divin Fils.

CHAPITRE XLV

SÉJOUR A KISSINGEN ET A BOTTENSTEIN

Prévenue en secret par la duchesse Sophie, qui avait essayé en vain d'adoucir le sort d'Élisabeth, Mathilde, abbesse de Kissingen, l'envoya chercher, elle et ses enfants, et leur fit le plus tendre accueil.

La pieuse princesse eût voulu rester auprès de sa tante, et partager, comme la plus humble d'entre elles, la vie des religieuses; mais Egbert, son oncle, prince évêque de Bamberg, l'ayant fait appeler auprès de lui, elle dut quitter le monastère, où elle laissa Sophie sa seconde fille, qui devint dans la suite, une fervente religieuse. Elle-même et ses autres enfants vinrent habiter le château de Bottenstein, où elle continua, avec ses fidèles servantes Gutta et Ysentrude, la vie de prières et de bonnes œuvres, que jamais ni le bonheur ni les infortunes n'avaient pu lui faire interrompre.

CHAPITRE XLVI

PÈLERINAGES

Élisabeth entreprit plusieurs pèlerinages ; elle alla deux fois à Erfurt et y passa plusieurs jours dans une retraite profonde chez les Dames blanches, remplacées maintenant par des religieuses Ursulines. Elle leur laissa en souvenir le simple verre dont elle se servait, et dans lequel boivent encore chaque année, le jour de la sainte Élisabeth, toutes les élèves du couvent.

La pieuse princesse alla aussi à Andecho, ancien château que son oncle Henri, margrave d'Istrie, venait de transformer en monastère. Là, ses prières firent jaillir, au pied de la montagne, une source si abondante qu'elle ne tarit jamais, même dans les années de grande sécheresse. Elle déposa sur l'autel sa robe de noce et fit à Dieu, en les donnant aux religieux, le sacrifice de plusieurs objets qui lui étaient très chers, entre autres, une petite croix d'argent renfermant des reliques des instruments de la Passion.

CHAPITRE XLVII

RETOUR DES CROISÉS

Après la mort de Louis, les chevaliers qui l'accompagnaient allèrent en Syrie accomplir leur vœu, et laissèrent à Otrante le corps de leur bien-aimé seigneur. A leur retour, ils recueillirent ces restes précieux, et les déposèrent dans un riche cercueil qu'ils chargèrent sur un cheval, et, précédés d'une grande croix d'argent, ornée de pierreries, ils se mirent en route à sa suite.

Dans toutes les villes où ils s'arrêtaient pour passer la nuit, ils déposaient le cercueil dans une église, et le faisaient veiller par des religieux et des personnes pieuses qui disaient l'office des morts pour le repos de l'âme de Louis; le lendemain, ils entendaient la messe à son intention, et ils repartaient, après avoir laissé de riches offrandes.

Ils traversèrent ainsi l'Italie et une partie de l'Allemagne, et arrivèrent enfin près de Bamberg. Le prince évêque alla solennellement à leur rencontre avec tout son clergé et une foule immense de peuple.

La pauvre Élisabeth accourut aussi et la vue des restes de son époux raviva toute sa douleur. Elle versa d'abondantes larmes et resta insensible aux consolations qu'on lui donnait; mais la pensée de Dieu toute puissante sur son âme, lui rendit bientôt sa force et son courage: « Je vous rends grâces, Seigneur, s'écria-t-elle, de ce que vous avez daigné écouter votre servante et exaucé le désir immense que j'avais de contempler les restes de mon bien-aimé, qui était aussi le vôtre. Je vous rends grâces d'avoir aussi miséricordieusement consolé mon âme affligée et désolée. Il s'était offert lui-même, et moi aussi, je vous l'avais offert pour la défense de votre Terre Sainte: je ne reviens pas sur ce sacrifice. Vous savez, ô mon Dieu, combien j'ai aimé cet époux qui vous aimait tant; vous savez que j'aurais voulu vivre toute ma vie avec lui dans la misère, lui pauvre et moi pauvresse, et mendiant avec lui de porte en porte à travers le monde entier, seulement pour avoir le bonheur d'être avec lui, si vous l'aviez permis, ô mon Dieu! Maintenant je l'abandonne et je m'abandonne moi-même à votre volonté. Je ne voudrais pas, quand même je le pourrais, racheter sa vie à moins que ce ne fût votre volonté, ô mon Dieu! »

CHAPITRE XLVIII

RETOUR D'ÉLISABETH — LES OSSEMENTS DE LOUIS SONT DÉPOSÉS A REYNHARTSBRUNN

Après avoir ainsi courageusement renouvelé son sacrifice, Élisabeth essuya ses larmes et sortit en silence de l'église. Elle s'assit dans un petit cloître planté d'arbres, et fit prier les seigneurs Thuringiens qui avaient ramené le corps de son mari, de venir l'y trouver. A leur approche, elle se leva humblement et leur demanda de s'asseoir près d'elle, parce que, dit-elle, je suis trop faible pour me tenir debout. Elle leur parla ensuite avec une grande douceur, les priant d'être les protecteurs de ses pauvres enfants, leur racontant le cruel traitement de leurs oncles et la misère dans laquelle elle avait vécu avec eux à Eisenach.

L'évêque vint à son tour et s'entretint avec les chevaliers des moyens de réparer les torts faits à la veuve et aux orphelins de leur bien-aimé seigneur.

Les pèlerins furent indignés. Ils déclarèrent qu'ils reconnaissaient toujours Élisabeth pour leur dame et maîtresse, et qu'ils la défendraient envers et contre tous.

A leur tête était le noble et fidèle sieur de Varilla, le fils de celui qui, seize ans auparavant, avait été chercher, dans le palais des rois de Hongrie, la princesse devenue maintenant une pauvre veuve opprimée.

Il se rappela sans doute le serment qu'avait fait son père de veiller sur la jeune princesse, et il jura avec ses frères d'armes qu'ils feraient rendre à Élisabeth prompte et entière justice. A cette condition, l'évêque de Bamberg leur permit de ramener Élisabeth en Thuringe.

Il célébra ensuite une messe pontificale à laquelle toute la ville voulut assister; et, après avoir généreusement payé toutes les dépenses de ses hôtes, il les laissa partir. Le triste cortège se remit en route et se dirigea vers l'abbaye de Reynhartsbrunn, où Louis avait voulu être enseveli.

Toute la contrée était dans une profonde émotion. Une immense multitude, composée de riches et de pauvres, de bourgeois et de paysans, d'hommes et de femmes, se rassembla à Reynhartsbrunn. Les moines allèrent au-devant du corps, suivis du clergé et du peuple, dont les larmes, interrompant souvent le chant des psaumes, étaient le plus bel hommage rendu à la mémoire de Louis.

Les obsèques furent célébrées avec pompe, et de riches aumônes distribuées aux pauvres.

CHAPITRE XLIX

LA RÉCONCILIATION

Aussitôt après la cérémonie, le sire de Varilla rappela aux chevaliers l'engagement qu'ils avaient pris envers l'évêque de Bamberg. « Il faut, dit-il, tenir la promesse que nous avons jurée à notre noble prince et à notre dame Élisabeth, qui a déjà enduré tant de misères; autrement je crains bien que nous ne méritions l'enfer. »

Tous comprirent ce langage et résolurent d'adresser sur le champ de vigoureuses remontrances au landgrave

8

Henri et à son frère. Le sire Rodolphe de Varilla fut chargé de porter la parole au nom de tous.

Ils trouvèrent les jeunes princes avec leur mère. Rodolphe, se tournant vers le duc, lui dit :

« Monseigneur, mes amis et vos vassaux qui sont ici présents, m'ont prié de vous parler en leur nom. Nous avons appris en Franconie et ici en Thuringe des choses tellement blamâbles sur votre compte que nous en avons été consternés et que nous avons dû rougir de ce que, dans notre pays et chez nos princes, il se soit trouvé tant d'impiété, tant d'infidélité et un tel oubli de l'honneur.

« Eh ! jeune prince, qu'avez-vous donc fait et qui vous a donné de tels conseils ? Quoi ! vous avez chassé ignominieusement de vos châteaux et de vos villes l'épouse de votre frère, la pauvre veuve désolée, la fille d'un roi illustre, que vous auriez dû au contraire honorer et consoler ! vous l'avez livrée à la misère et laissée errer comme une mendiante, pendant que votre frère était allé donner sa vie pour l'amour de Dieu ; ses petits orphelins que vous deviez défendre et nourrir avec l'affection et le dévouement d'un fidèle tuteur, sont cruellement repoussés loin de vous, et vous les forcez de se séparer même de leur mère pour ne pas mourir de faim avec elle ! Est-ce là votre piété paternelle ? Est-ce là ce que vous a appris votre frère, ce vertueux prince qui n'aurait pas voulu en agir ainsi avec le dernier de ses sujets ?

« Comment nous fierons-nous désormais à votre fidélité et à votre honneur ? Vous savez cependant que, comme chevalier, vous êtes obligé de protéger les veuves et les orphelins, et c'est vous qui maltraitez les orphelins de la veuve de votre frère! Je vous dis tout bonnement, cela crie vengeance à Dieu. »

En entendant ces justes reproches adressés à son fils la duchesse Sophie fondait en larmes.

Le jeune duc, troublé et honteux, baissa la tête sans répondre.

« Monseigneur, reprit Rodolphe, qu'aviez-vous à craindre d'une jeune femme malade, abandonnée et désespérée, seule, sans amis et sans alliés dans ce pays? Que vous aurait fait cette sainte et vertueuse dame, quand même elle serait restée maîtresse de tous vos châteaux? Que va-t-on dire maintenant de nous dans les autres pays? Fi! quelle honte! Je rougis d'y penser... Sachez que vous avez offensé Dieu; vous avez déshonoré tout le pays de Thuringe; vous avez terni votre propre renommée et celle de votre noble maison. Je crains en vérité que la colère de Dieu ne s'appesantisse sur le pays, à moins que vous ne fassiez pénitence devant lui, que vous vous réconciliiez avec cette pieuse dame, et que vous restituiez aux fils de votre frère tout ce que vous leur avez enlevé. »

Le jeune prince fondit en larmes et pleura longtemps sans répondre; puis il dit : « Je me repens sincèrement de ce que j'ai fait; je n'écouterai plus jamais les mauvais conseils; rendez-moi votre confiance et votre amitié; je ferai volontiers tout ce que ma sœur Élisabeth exigera de moi.

— C'est bien, dit le sire de Varilla, c'est le seul moyen d'échapper à la colère de Dieu. »

Henri ajouta à voix basse :

« Si ma sœur Élisabeth avait à elle toute la terre d'Allemagne, il ne lui en resterait rien; elle la donnerait tout entière pour l'amour de Dieu. »

Oui, certes, la chère Sainte donnait tout pour l'amour de Dieu : aussi quand les seigneurs vinrent lui dire que son beau-frère allait se réconcilier avec elle, et qu'ils lui parlèrent des conditions qu'elle devait lui imposer : « Je ne veux ni de ses châteaux, ni de ses villes, ni de ses terres, dit-elle. Il me suffit d'avoir de quoi donner pour le salut de mon bien-aimé et pour le mien. »

Les chevaliers allèrent chercher Henri. Il vint, accompagné de sa mère et de son frère Conrad, et supplia Élisabeth de lui pardonner. Elle se jeta dans ses bras et ils pleurèrent tous ensemble.

Les croisés retournèrent ensuite dans leurs châteaux et Élisabeth, accompagnée de ses enfants, repartit avec la duchesse Sophie et ses deux beaux-frères pour la Wartbourg.

CHAPITRE L

LA WARTBOURG

Fidèle à sa parole, Henri voulut, par son affection et ses égards, faire oublier à Élisabeth les injures dont il l'avait abreuvée. La sainte princesse les avait oubliées depuis longtemps, et elle lui était bien plus reconnaissante encore pour la liberté qu'il lui laissait de prier et de faire la charité que pour les honneurs dont il l'entourait.

Le soin des pauvres était comme autrefois son occupation la plus chère. Rarement elle paraissait en public et prenait part aux réjouissances de la cour. Devenue veuve, elle le pouvait sans manquer à aucun de ses devoirs; mais les seigneurs, jaloux de sa sainteté et mécontents de voir cette jeune princesse leur faire la honte de mépriser les richesses qu'ils estimaient par dessus tout, recommencèrent à l'abreuver d'outrages. Ils dédaignaient de lui rendre visite ou de lui parler, s'ils la rencontraient, ils l'appelaient à haute voix *sotte* et *folle*.

Ces injures étaient la seule chose qui eût pu consoler Élisabeth de ne plus être pauvre et abandonnée; néanmoins, au bout d'un an, elle trouva qu'elle jouissait encore de trop d'honneur à la Wartbourg; elle supplia son beau-frère de la laisser habiter ailleurs. Henri, après avoir pris l'avis de sa mère et de son frère, lui donna la ville de Marbourg avec ses dépendances.

Remplie de reconnaissance, Élisabeth le remercia tendrement, disant qu'il faisait pour elle beaucoup plus qu'elle ne méritait.

CHAPITRE LI

MARBOURG

Quand elle arriva à Marbourg, le peuple se hâta de lui rendre hommage. L'humble Élisabeth, qui voulait être oubliée, se retira dans un petit village appelé Vehrda, où elle choisit une chaumière abandonnée et en ruine, afin de n'être à charge à aucun des habitants. Cette chaumière était si délabrée que le vent et le soleil entraient de tous côtés. Élisabeth se blottit pendant la nuit sous une vieille cheminée; elle essaya de boucher les ouvertures avec des branches garnies de feuillage, mais le froid et la chaleur entraient également, et la fumée faisait pleurer ses pauvres yeux. Elle, toujours joyeuse d'être pauvre pour l'amour de Dieu, priait, tout en préparant son chétif repas.

En même temps, elle faisait construire à Marbourg une maisonnette en bois et en terre glaise pareille à celle des pauvres, et aussitôt qu'elle fut terminée, elle alla s'y installer avec ses enfants, au grand étonnement des habitants de Marbourg qui s'étaient sans doute attendus à lui voir habiter un palais.

CHAPITRE LII

NOUVEAUX SACRIFICES

Dans le temps où vivait Élisabeth, les enfants n'avaient généralement pas le bonheur de rester longtemps avec leurs parents. Vous avez vu qu'Élisabeth elle-même quitta les siens à l'âge de quatre ans. De même, elle dut se séparer de ses enfants. Son fils Hermann, dès l'âge de six à sept ans, remis aux mains des hommes, fut conduit au château de Creusbourg, et ses filles furent placées dans des couvents; Gertrude, la plus jeune, fut confiée à celui de Wetzlar, qui était un des plus pauvres de toute la contrée.

On en fit des reproches à Élisabeth; mais elle répondit

que cela avait été convenu entre son mari et elle, au moment de leurs adieux. « C'est le ciel, dit-elle, qui nous a inspiré d'y placer notre fille : elle y fera un grand bien. » Ce qui arriva, en effet; Gertrude fut plus tard abbesse, c'est-à-dire supérieure de ce monastère.

Cette séparation d'avec ses enfants était bien cruelle pour Élisabeth. Elle offrit ce sacrifice à Dieu et se consacra plus que jamais au service de Jésus-Christ et de ses pauvres, portant dès lors l'habit religieux qu'elle ne quitta plus. Sa fidèle Gutta avait suivi son exemple.

CHAPITRE LIII

NOUVELLE VIE

Non seulement Élisabeth vivait pauvrement, mais elle voulait, comme les pauvres, gagner sa vie en filant. Elle était toujours occupée. Même, malade et au lit, elle filait encore. Ses compagnes lui arrachaient sa quenouille des mains; alors, pour ne pas rester oisive, elle épluchait et préparait la laine pour la prochaine fois.

Elle se contentait de la nourriture la plus grossière; si quelques personnes charitables lui donnaient quelques mets délicats, elle s'empressait de les porter aux pauvres, sans jamais en goûter. Elle ne mangeait guère que des légumes cuits dans l'eau pure et sans sel.

Sa robe était en gros drap non teint, serrée autour de la taille, rapiécée, surtout aux manches, avec des morceaux de couleurs différentes. Son manteau, étant devenu trop court, elle le rallongea avec une pièce d'une autre couleur. Elle ramassait partout les vieux morceaux qu'elle trouvait, pour raccommoder elle-même les déchirures et les brûlures de ses vêtements. Elle le faisait du mieux qu'elle pouvait, pas très bien, parce qu'on ne lui avait pas suffisamment enseigné à coudre quand elle était petite.

Une princesse ainsi habillée était bien pauvre, n'est-ce pas? Eh bien! elle se trouvait encore trop richement vêtue. Dans les grands froids de l'hiver, quand elle rencontrait un misérable plus mal habillé qu'elle, elle se dépouillait pour lui. Parfois alors, elle avait si froid, qu'elle était obligée de se blottir dans son lit, entre deux matelas, ce qu'elle faisait joyeusement.

Toujours bonne et affable, elle servait les autres, au lieu de se faire servir, lavait et nettoyait elle-même les ustensiles de son ménage, renvoyant ses servantes sous quelque prétexte, et faisant leur ouvrage pendant leur absence.

Sa patience et sa charité étaient à toute épreuve. Rien ne pouvait la mettre en colère, ni même lui arracher un mot d'impatience; mais, quelqu'un disait-il une parole qui aurait pu offenser Dieu, elle le reprenait doucement : « Eh bien! disait-elle, où est donc le Seigneur maintenant? »

CHAPITRE LIV

L'HÔPITAL — LES PAUVRES

A peine arrivée à Marbourg, Élisabeth avait fait construire un hôpital, où elle déposa une sainte relique que

Sainte Élisabeth et les œuvres de miséricorde.

lui avait donnée le Pape Grégoire IX. C'étaient quelques gouttes du sang de saint François d'Assise, échappées de son côté, quand Notre-Seigneur lui avait imprimé les sacrés stigmates, ainsi que vous le lirez dans la vie de ce grand Saint.

Chaque jour, Élisabeth allait avec Gutta et Ysentrude passer de longues heures à l'hôpital. Elle pansait les malades et leur rendait les services les plus rebutants; elle voyait en eux Notre-Seigneur Jésus-Christ lui-même. Que ne ferait-on pas, mes enfants, si Notre-Seigneur Jésus-Christ était là, sous nos yeux, souffrant et demandant nos soins? Il est là, il les demande, car Jésus-Christ a dit : « Ce que vous aurez fait au moindre de mes frères, c'est à moi-même que vous l'aurez fait. » Aussi Élisabeth baisait-elle avec respect les plaies et les ulcères des malades, comme elle aurait, au pied de la croix, baisé les cinq plaies sacrées de notre divin Sauveur.

Un jour, en allant à l'église, elle rencontra un pauvre mendiant qu'elle ramena chez elle et dont elle voulut aussitôt laver les pieds et les mains. Il était si dégoûtant qu'elle fut malgré elle saisie d'horreur. « Ah! vilain sac, se dit-elle aussitôt à elle-même, cela te dégoûte! sache que c'est une boisson très saine. »

Et elle but l'eau dont elle venait de se servir en disant : « O mon Seigneur, quand vous étiez sur votre sainte croix, vous avez bien bu le vinaigre et le fiel; je ne suis pas digne d'une telle boisson. Aidez-moi à devenir meilleure? »

Comme dans sa jeunesse, les lépreux étaient surtout l'objet de ses soins, elle les lavait et les baignait, découpait des rideaux et d'autres étoffes précieuses, pour avoir de quoi les essuyer à la sortie du bain, faisait elle-même leurs lits, les couchait et les couvrait de son mieux. « Oh ! que nous sommes heureuses, disait-elle un jour à ses suivantes, de pouvoir ainsi laver et vêtir Notre-Seigneur ! »

Une d'elles répondit : « Il se peut que vous, madame, vous vous trouviez bien avec ces gens; mais, je ne sais trop si cela convient à tant d'autres. »

Hélas ! tout le monde n'est pas aussi saint qu'Élisabeth ! Mais, comme nous serions tous meilleurs et plus heureux, si nous lui étions semblables ! Sa plus grande sollicitude n'avait cependant pas pour objet les maladies du corps, mais bien les maladies de l'âme. Élisabeth veillait à ce que ses pauvres fissent baptiser tous leurs enfants, et à ce que eux-mêmes reçussent tous les sacrements avant de mourir.

Les pauvres des campagnes n'étaient pas oubliés. Elle leur donnait d'abondantes aumônes et ses soins les plus maternels. Dieu montra un jour par un miracle combien cette charité d'Élisabeth lui était agréable. C'était en hiver, par une gelée très forte. Un pauvre malade eut la fantaisie d'avoir du poisson. Élisabeth courut à la fontaine : « Seigneur Jésus-Christ, dit-elle, si vous le voulez bien, donnez-moi du poisson pour votre pauvre malade. »

Personne n'a jamais trouvé du poisson dans une fontaine un jour de gelée : Élisabeth en trouva pourtant un fort gros qu'elle se hâta de porter au malade.

Si elle rencontrait quelque pauvre plus misérable que

les autres, elle ne le faisait pas venir à l'hôpital, mais dans sa propre demeure. Elle se consacrait entièrement à son service, et l'invitait à manger à sa table. Quelqu'un lui en fit des reproches : « Oh non, laissez-moi, dit-elle, songez à mon ancienne vie passée dans l'orgueil du monde ; le mal se guérit par le contraire ; il me faut vivre maintenant avec les humbles. Cette société m'attire des grâces nombreuses. Laissez-moi donc en jouir. »

Elle prit aussi chez elle un petit orphelin paralytique, borgne et constamment malade. Elle le soignait comme une mère, passait ses nuits à le veiller, lui rendant tous les soins, et le consolant par les plus douces paroles. Il mourut ; elle le remplaça par une jeune fille tellement défigurée par la lèpre que personne dans l'hôpital n'osait la toucher, ni même la regarder de loin.

Élisabeth, au contraire, pensant voir en elle Notre-Seigneur lui-même, s'agenouilla devant cette pauvre fille, dénoua ses souliers, lava et pansa ses ulcères, lui coupa les ongles des pieds et des mains, fit elle-même son lit et passa de longues nuits auprès d'elle pour la distraire et la consoler.

Élisabeth n'aimait pas seulement les lépreux ; elle aurait voulu être lépreuse elle-même. « Ah ! ce que je voudrais avant tout et du fond de mon cœur, disait-elle, c'est d'être traitée en tout comme une lépreuse ordinaire. Je voudrais qu'on fît pour moi ce qu'on fait pour ces pauvres gens, une petite hutte de paille et de foin, et que l'on y suspendît devant la porte un linge pour avertir les passants, avec un tronc où l'on pût jeter quelque aumône. »

Vous vous souvenez, mes enfants, de tout ce que je

vous ai raconté des lépreux et comment ils vivaient séparés des autres hommes.

CHAPITRE LV

LES AMBASSADEURS DU ROI DE HONGRIE LA DOT D'ÉLISABETH — HILDEGONDE

Cependant le roi André ayant appris par les pèlerins Hongrois, qui étaient allés à Aix-la-Chapelle, la vie que menait sa fille Élisabeth, il en fut ému jusqu'aux larmes ; il crut que ses méchants beaux-frères avaient continué à la laisser dans ce dénûment. Il envoya donc des ambassadeurs à Henri, qui leur répondit : « Ma sœur est devenue tout à fait folle, tout le monde le sait; vous le verrez vous-mêmes. » Les ambassadeurs partirent pour Marbourg. Ils demandèrent à l'aubergiste ce que dans le pays on pensait d'Élisabeth.

« C'est une dame très pieuse, répondit l'hôte, et pleine de vertus ; elle est aussi riche qu'on peut désirer l'être; cette ville et tout son canton lui appartiennent; si elle l'avait voulu, elle aurait trouvé bien des princes pour l'épouser. Mais elle veut vivre ainsi misérablement; elle ne veut habiter aucune des maisons de la ville, afin de demeurer auprès de l'hôpital qu'elle a bâti ; elle méprise tous les biens du monde. Dieu nous a fait une grande grâce en nous envoyant une si précieuse dame. Elle ne se repose jamais dans ses œuvres de charité : elle est très douce, très miséricordieuse, surtout plus humble que qui que ce soit. » L'aubergiste conduisit ensuite les ambassadeurs chez Élisabeth. « Madame, dit-il, voici vos amis qui sont venus vous chercher et qui veulent vous parler. »

Le comte Banfi, qui était à la tête de l'ambassade, entra dans la hutte, et, voyant la fille de son roi si pauvrement vêtue et la quenouille à la main, il fut tellement saisi qu'il fit le signe de la croix et fondit en larmes. « A-t-on jamais vu la fille d'un roi filer de la laine? » s'écria-t-il.

Il s'assit près d'elle et la supplia de revenir auprès de son père, où elle serait traitée avec tous les honneurs qui lui étaient dus.

« Pour qui me prenez-vous, dit-elle? Je ne suis qu'une pauvre pécheresse qui n'ai jamais obéi à la loi de mon Dieu comme je devais.

— Qui vous a réduite à cet état de misère? lui demanda le comte.

— Personne, répondit-elle, si ce n'est Jésus-Christ lui-même, le fils de mon Père céleste. Il était infiniment riche, et il m'a appris par son exemple à mépriser la richesse et à choisir la pauvreté par-dessus tous les royaumes du monde. » Elle ajouta qu'elle ne manquait de rien et était parfaitement heureuse.

« Venez, disait cependant le comte Banfi, noble reine, venez avec moi auprès de votre cher père dans son royaume, votre héritage.

— J'espère bien, répliqua Élisabeth, que je possède déjà l'héritage de mon père du ciel, c'est-à-dire, la miséricorde éternelle de notre cher Seigneur Jésus-Christ. » Elle ajouta : « Dites à mon seigneur père que je me trouve plus heureuse dans cette vie méprisable qu'il ne peut l'être dans sa pompe royale. Je ne lui demande qu'une chose : prier et faire prier Dieu pour moi, et moi, je prierai pour lui tant que je vivrai. » Les ambassadeurs partirent, et la Sainte resta, sa pauvre quenouille à la main.

Bientôt elle eut une grande joie. Le landgrave Henri lui avait fait remettre une forte somme d'argent, qui représentait sa dot donnée par son père. Elle fit en outre vendre tous les ornements qui restaient de ceux que ses parents avaient envoyés avec elle en Hongrie, entre autres des vases d'or et d'argent, des étoffes brodées d'or et d'autres objets garnis de pierres précieuses. Elle fit publier partout, à vingt-cinq lieues à la ronde de Marbourg, que tous les pauvres eussent à se réunir au jour fixé, dans une plaine, près du village de Vehrda.

Au jour indiqué, on vit paraître plusieurs milliers de mendiants, d'aveugles, d'estropiés, de pauvres et d'infirmes de toute sorte.

Élisabeth avait établi des officiers et des serviteurs chargés de maintenir l'ordre et de garder chacun à sa place, afin que les uns ne reçussent pas deux parts et les autres rien du tout. Tous ceux qui désobéissaient et quittaient leur place, devaient avoir sur le champ les cheveux coupés.

Élisabeth, aidée de personnes sûres, passa de rang en rang, donnant à chacun de riches aumônes. Tout l'argent fut distribué. La nuit étant venue, les gens valides se remirent en marche, guidés par les rayons de la lune; mais les infirmes et les malades voulurent chercher un abri dans les environs. « Ah! dit Élisabeth, voilà que les plus faibles sont restés : donnons-leur encore quelque chose. » Elle leur donna à chacun six deniers, avec du pain, et elle dit : « Je veux donner à ces pauvres gens une fête complète ; qu'on leur fasse du feu. » D'après ses ordres, on alluma de grands feux partout où ils étaient couchés, et on vint leur laver les pieds et les parfumer.

Les pauvres, se voyant si bien traités, se mirent à se réjouir et à chanter. Élisabeth les ayant entendus : « Je l'avais bien dit, s'écria-t-elle, il faut rendre les hommes aussi heureux que possible. Et quittant sa pauvre demeure, elle vint prendre part à la joie de ceux auxquels elle avait donné ses richesses.

Cependant, parmi la foule des pauvres, il y avait une jeune fille nommée Hildegonde. Elle avait sa sœur malade; malgré la défense de la duchesse, elle avait quitté sa place pour aller la soigner. Les officiers l'avaient aperçue; aussitôt on lui avait coupé ses beaux cheveux qu'elle portait flottants sur ses épaules. Hildegonde se mit à pleurer, assurant qu'elle était innocente et n'avait pas voulu désobéir à la duchesse.

Élisabeth, l'ayant entendue, la félicita du hasard heureux qui lui avait fait perdre l'objet de sa vanité; puis, comme si Dieu lui avait fait lire dans le fond du cœur d'Hildegonde : « N'avez-vous jamais eu l'idée, lui dit-elle, de vous faire religieuse?

— Il y a longtemps, répondit Hildegonde, que je me serais consacrée à Dieu s'il ne m'avait pas trop coûté de sacrifier la beauté de mes cheveux. » Élisabeth, s'écria pleine de joie : « Alors, je suis plus heureuse de ce qu'on te les a coupés, que je le serais, si mon fils était élu empereur des Romains. »

Comme sainte Élisabeth avait raison, mes enfants !

CHAPITRE LVI

ENCORE DES SACRIFICES ET ENCORE DES MIRACLES

Élisabeth aimait tendrement Ysentrude et Gutta, qui l'avaient toujours suivie dans ses jours d'épreuves ; mais, obligée plus tard de se séparer de toutes deux, elle ne murmura pas, quoique son cœur en fût brisé, et qu'elle ne pût jamais s'en consoler.

Deux femmes, bien différentes de ces fidèles compagnes, furent placées auprès d'elle pour les remplacer : l'une était une fille rude et grossière et si horriblement laide qu'elle servait d'épouvantail aux petits enfants ; l'autre était une vieille sourde et d'un si affreux caractère qu'elle passait les jours et les nuits à se mettre en colère. Pauvre Élisabeth ! quelle épreuve nouvelle ! Loin de se plaindre, elle s'appliqua en tout à ne pas contrarier ses servantes, et celles-ci trouvaient tout simple que l'humble princesse fît leur ouvrage. C'est elle qui balayait, qui faisait la cuisine pour tout le monde ; et lorsqu'elle laissait brûler un peu le dîner, ces méchantes femmes la reprenaient aigrement et lui reprochaient de ne savoir pas même faire une soupe. Cela n'était cependant pas bien étonnant ; en général les princesses n'apprennent pas à faire la cuisine.

Un matin, Élisabeth allait comme toujours à l'hôpital.

Elle vit sur le seuil de la porte un jeune garçon estropié et difforme, étendu sans mouvement : c'était un pauvre enfant sourd-muet, qui ne pouvait que se traîner sur ses pieds et ses mains comme un animal.

Élisabeth le regarda et lui dit : « Dis-moi, cher enfant, où sont donc tes parents? Qui t'a amené ici? » Comme le pauvre muet ne répondait rien, Élisabeth le caressa doucement. « De quoi souffres-tu donc, lui dit-elle? Ne veux-tu pas me parler? » L'enfant la regarda sans répondre. Alors Élisabeth lui dit à haute voix : « Au nom de Notre-Seigneur, je t'ordonne de me répondre et de dire d'où tu viens? » Aussitôt l'enfant se releva tout droit devant elle; la parole lui vint sur les lèvres, et il dit : « C'est ma mère qui m'a amené. Depuis ma naissance je n'ai jamais ni vu ni entendu; je n'ai jamais marché. Je n'ai entendu personne parler de Dieu. Je ne savais pas ce que c'était qu'un homme; maintenant seulement je sais que je ne suis plus comme une bête. Je sais maintenant parler de Dieu. Soyez bénie de m'avoir obtenu la grâce de ne pas mourir comme j'ai vécu. » Élisabeth tomba à genoux, et mêlant ses larmes de reconnaissance à celles de l'enfant, elle lui dit : « Retourne maintenant bien vite chez tes parents et ne dis pas ce qui t'est arrivé. Surtout ne parle de moi à personne; dis seulement que Dieu t'a secouru et garde-toi bien de tout péché mortel; autrement tu pourrais bien retomber dans ta maladie. » L'humble princesse s'enfuit alors, espérant que personne ne l'avait vue et ne saurait que Dieu s'était servi d'elle pour opérer ce miracle.

Mais la mère de l'enfant, le voyant accourir, s'écria :

« Qui t'a rendu la parole? — Une douce dame en robe grise, lui répondit-il, m'a ordonné de lui parler au nom de Jésus-Christ et j'ai trouvé la parole pour lui répondre. » La mère se mit à courir pour retrouver Élisabeth qui fuyait toujours; elle la reconnut et raconta partout le miracle.

Une autre fois, un malade vint lui demander de le guérir au nom du cher apôtre saint Jean, qu'elle aimait tant depuis son enfance. Elle pria et il se sentit guéri; alors, se jetant à genoux, il voulut la remercier. Mais Élisabeth s'agenouilla aussi, et remercia Dieu d'avoir exaucé le saint apôtre.

Une autre fois, un estropié lui dit : « Je suis de Reynhartsbrunn où ton mari repose : Pour l'amour de son âme, viens à mon secours et guéris-moi. » Émue du souvenir de son mari, elle regarda le pauvre estropié; son seul regard suffit pour le guérir.

Une autre fois encore, elle était à l'église, quand elle vit un pauvre aveugle qui errait là tout seul. « Que faites-vous, lui dit-elle avec bonté? — Je voulais, répondit-il, aller à cette chère dame qui console les pauvres gens pour lui demander de me faire l'aumône au nom de Dieu; mais d'abord je suis venu faire ma prière dans cette église, et j'ai fait le tour pour savoir comme elle est large, puisque j'ai le malheur de ne pouvoir la voir de mes yeux. — Aimerais-tu de voir cette église? demanda Élisabeth. — Si Dieu le voulait, j'aimerais beaucoup de la voir, mais j'ai perdu la vue en naissant; je n'ai jamais vu la lumière du soleil. Je suis le prisonnier de Dieu. J'aurais bien voulu pouvoir travailler comme un autre, car je ne sers de rien à personne, ni à moi-même. Les heures les plus courtes me paraissent bien longues ; si je suis avec les autres hommes qui ont leurs yeux, je ne peux me défendre du péché d'envie ; si je reste tout seul, je pleure mon malheur, car je ne peux prier toujours, et, même en priant, je ne puis m'empêcher d'y songer sans cesse. — C'est pour ton bien, répondit Élisabeth, que Dieu t'a envoyé ce malheur; peut-être aurais-tu plus péché qu'à présent? — Oh non, reprit l'aveugle, je me serais gardé du péché ; je me serais livré à de durs travaux ; je n'aurais pas eu mes tristes pensées d'aujourd'hui... »

La bonne Élisabeth, vaincue par la pitié, lui dit : « Prie Dieu qu'il te rende la lumière; je le prierai avec toi. » L'aveugle comprit alors qu'il parlait à la sainte duchesse, et, tombant la face contre terre, il s'écria : « Oh! noble et miséricordieuse dame, ayez pitié de moi. » Élisabeth lui ordonna de s'agenouiller; elle s'agenouilla aussi, pria avec ferveur, et l'aveugle recouvra la vue. « Je vois tout, s'écria-t-il. »

Élisabeth lui dit : « Maintenant que la vue t'est rendue, songe à servir Dieu et à éviter le péché : travaille et sois honnête homme, humble et loyal en tout. »

Si Dieu donnait à Élisabeth une grande puissance pour guérir les infirmités du corps, il lui en donnait une plus grande encore pour guérir celles de l'âme.

Madame Gertrude de Leinbach, femme d'un noble chevalier des environs, était venue voir un jour la duchesse et avait amené son fils Berthold. Celui-ci avait douze à quatorze ans. Il était magnifiquement vêtu et paraissait tenir beaucoup à cette magnificence.

Élisabeth lui dit : « Mon cher enfant, tu me parais t'habiller beaucoup trop élégamment et magnifiquement ; tu tiens trop à servir le monde. Pourquoi ne songes-tu pas plutôt à servir ton Créateur? Dis-moi, cher enfant, crois-tu que Jésus-Christ portait des habits de cette sorte, quand il vint verser son sang pour nous? — Oh! madame, répondit Berthold, je vous en supplie, priez le Seigneur pour qu'il m'accorde la grâce de le servir. — Veux-tu vraiment que je le prie pour toi? — Oui certainement. — Alors, allons ensemble à l'église et demandons cette grâce pour toi. »

Ils allèrent à l'église et la mère de Berthold aussi; comme ils priaient depuis quelque temps : « O chère dame! cessez de prier, s'écria Berthold. » Élisabeth n'en continua pas moins.

Berthold se mit à crier plus fort : « Cessez, madame, je n'en puis plus, tout mon corps est enflammé. »

En effet, la fumée semblait s'exhaler de tout son corps; ses vêtements étaient baignés de sueur, et sa peau était si brûlante que sa mère, accourue à ses cris, pouvait à peine le toucher.

Élisabeth priait toujours.

« Au nom du Seigneur, s'écria Berthold désespéré, je vous en conjure, ne priez plus; je suis consumé par un feu intérieur, et mon cœur va se briser en moi. »

Élisabeth cessa sa prière. Le corps de Berthold se refroidit peu à peu; mais son âme était convertie et remplie du feu de l'amour divin, dont la chaleur de la terre n'était que l'image. Il quitta pour jamais ses beaux habits et entra dans l'Ordre de Saint-François.

CHAPITRE LVII

LES AMES DU PURGATOIRE ET LA REINE GERTRUDE

Tous les enfants qui me lisent sont des enfants instruits. Ils savent donc tous que les âmes qui ne sont pas assez saintes pour aller au Ciel aussitôt après leur mort, et pas assez coupables pour être envoyées en Enfer, vont en Purgatoire. On y souffre beaucoup; mais on peut y être soulagé par les prières de ceux qui sont encore sur la terre. Vous priez tous pour les âmes du Purgatoire, n'est-ce pas, mes enfants? Vous avez de bons petits cœurs; vous ne pouvez voir souffrir personne sans vouloir tout aussitôt lui porter secours. Sainte Élisabeth était comme vous. Elle priait beaucoup pour les âmes du Purgatoire. Une nuit, elle vit en songe sa mère qui vint s'agenouiller devant elle, et lui dit : « Ma chère fille, bien aimée de Dieu, je te supplie de prier pour moi : j'ai encore à expier les négligences de ma vie. Aie pitié de mes souffrances. Tu le peux, si tu le veux ; tu es pleine de grâce aux yeux de Dieu. »

Élisabeth s'éveilla en pleurant, se leva sur-le-champ, pria, et, s'étant recouchée, elle se rendormit.

Sa mère lui apparut de nouveau. « Béni soit le jour et l'heure de ta naissance ! Ta prière m'a délivrée ; demain j'entrerai dans le bonheur éternel. Prie toujours pour ceux que tu aimes ; Dieu soulagera tous ceux pour qui tu l'invoqueras.

CHAPITRE LVIII

JUSTICE D'ÉLISABETH

Élisabeth avait, selon sa coutume, soigné une pauvre mère malade et lui avait donné tout ce qu'il lui fallait pour habiller son enfant. Cette méchante mère partit un soir avec son mari, abandonnant leur enfant. Élisabeth qui pensait toujours à ses pauvres, dit le matin à sa servante. « J'ai quelque argent dans ma bourse ; cela peut servir à cette pauvre mère et à son enfant ; va le lui porter.

La servante revint et lui dit que l'enfant était seul et abandonné. « Cours vite le chercher et apporte-le-moi, dit Élisabeth, afin qu'il ne soit pas négligé. » Comme elle voulait toujours que la justice fût observée, pendant qu'elle prenait soin de l'enfant, elle envoya des soldats à la recherche de cette méchante mère. Ils revinrent sans l'avoir trouvée. Élisabeth se mit en prières. Tout d'un coup, on vit arriver le mari et la femme, qui se jetèrent aux pieds de la duchesse, en demandant pardon de leur faute. Ils racontèrent en même temps qu'ils avaient été arrêtés dans leur marche par une force invisible qui les avait absolument empêchés de continuer, et les avait obligés de revenir. Tout le monde comprit que ce retour était dû aux prières d'Élisabeth. On ôta à la méchante mère tout ce qu'on lui avait donné, pour le distribuer à des pauvres plus dignes ; la miséricordieuse Élisabeth ne tarda pas cependant à lui redonner des souliers et des vêtements chauds.

CHAPITRE LIX

L'ARBRE MERVEILLEUX

Un saint religieux, le P. Rodinger, était venu voir Élisabeth, et se promenait avec elle et ses suivantes sur les bords de la Lahn.

Élisabeth était trop humble pour penser qu'elle faisait beaucoup de bien. Au contraire, elle se croyait une grande pécheresse. « Mon Père, dit-elle au P. Rodinger, il y a une chose qui me tourmente plus que tout. Je ne sais si Dieu m'aime. Il est infiniment bon; mais j'ai tant péché. — Il n'y a rien à craindre, répondit le Père; vous aimez Dieu, et il serait plus facile à cet arbre que vous voyez là-bas, de l'autre côté de la Lahn, de traverser la rivière et de venir auprès de nous qu'il ne serait possible à Dieu de ne pas aimer une créature qui l'aime. »

Élisabeth, remplie de reconnaissance, se jeta à genoux pour demander pardon d'avoir manqué un instant de confiance en Dieu.

CHAPITRE LX

PRIÈRE D'ÉLISABETH — APPARITION DE L'ANGE SON VISAGE BRILLE COMME LE SOLEIL

Élisabeth passait parfois une partie des nuits dans les églises à prier.

Souvent aussi elle s'agenouillait au milieu des champs, et, quand il pleuvait, elle seule n'était pas mouillée.

Elle priait tout doucement avec tant d'attention qu'elle ne disait qu'un seul *Pater* en allant de Marbourg à la petite chapelle qu'elle avait fait construire dans les environs.

Elle assistait à tous les offices de l'Église et avait une grande dévotion à la Sainte Vierge et aux Saints, principalement à saint Jean et à sainte Madeleine.

Elle avait aussi une grande dévotion aux Anges, qui venaient lui parler, l'exhorter, la consoler. Une fois elle avait recueilli une pauvre malade et l'avait soignée avec tendresse. Cette ingrate, après son rétablissement, prit la fuite, emportant avec elle tous les pauvres vêtements de sa bienfaitrice, qui, n'ayant plus rien pour se couvrir, fut obligée de rester au lit. Elle ne s'en impatienta pas et dit seulement : « Mon cher Seigneur, je vous remercie de m'avoir rendue ainsi semblable à vous ; vous êtes venu au monde nu et dépouillé de tout, et c'est ainsi que vous avez été cloué à la croix. »

Aussitôt elle vit apparaître un ange qui lui donna un beau vêtement, en lui disant : « Je ne t'apporte plus de couronne comme autrefois ; c'est Dieu lui-même qui veut te couronner bientôt dans la gloire. »

Souvent Notre-Seigneur lui apparaissait lui-même, accompagné d'une multitude de Saints. Il la consolait par de douces paroles ; le visage de la Sainte devenait alors tout resplendissant ; ses yeux lançaient des éclairs brillants comme les rayons du soleil. Quelqu'un avait-il sur la conscience des péchés mortels ; il était aussitôt obligé de baisser les yeux devant elle. Ceux-là seuls dont l'âme était pure, pouvaient contempler le visage rayonnant de la Sainte. Quant à elle, divinement fortifiée par la présence de son Dieu, elle restait plusieurs jours sans avoir besoin de manger. Elle jouissait d'une paix et d'un bonheur parfaits; les larmes qui coulaient sur son visage étaient de douces larmes de joie; elle ne pensait qu'au ciel où elle devait bientôt aller.

CHAPITRE LXI

DERNIÈRE MALADIE ET MORT D'ÉLISABETH

Une nuit, Élisabeth étant couchée, priait et dormait tout à la fois, car la pensée de Dieu la suivait partout, même dans son sommeil. Tout à coup le Christ lui apparut environné de lumière : « Viens, Élisabeth, lui dit-il; viens, ma fiancée, ma tendre amie; viens avec moi dans la demeure que je t'ai préparée de toute éternité. C'est moi-même qui t'y conduirai. »

Toute joyeuse de cette pensée de mourir, Élisabeth, dès son réveil, se hâta de faire ses préparatifs de départ pour le ciel : elle chercha elle-même tout ce dont on avait besoin pour l'ensevelir, alla visiter une dernière fois ses pauvres et ses malades, et partagea entre eux et ses suivantes le peu qu'il lui restait à donner.

Quelques jours après, elle fut obligée de se coucher. Malgré une fièvre ardente, elle était toujours joyeuse et passait son temps à prier. Un jour, elle était retournée contre la muraille et semblait dormir. Une de ses femmes, qui était assise à côté de son lit, entendit comme une douce mélodie qui s'échappait du gosier de la malade.

La duchesse, s'étant retournée, lui dit : « Où es-tu? — Me voici » et elle ajouta : « Oh! madame, que vous avez délicieusement chanté! — Quoi! répondit Élisabeth, as-tu aussi entendu quelque chose? — Oui, madame. — Je te dirai, reprit Élisabeth, qu'un charmant petit oiseau est venu se poser entre moi et le mur; il m'a chanté pendant longtemps d'une manière si suave et si douce et il a tellement réjoui mon cœur et mon âme qu'il m'a bien fallu chanter aussi. Il m'a révélé que je mourrai dans trois jours. »

Probablement, mes enfants, ce petit oiseau était son ange gardien qui venait lui annoncer cette bonne nouvelle. Pour ceux qui ont bien servi Dieu, c'est une bien bonne nouvelle d'apprendre que bientôt ils le verront.

Cependant Élisabeth était trop humble pour ne pas se croire indigne du bonheur du ciel. Aussi, après avoir prié les personnes qui venaient la voir habituellement de ne plus revenir, elle répondit à ceux qui lui en demandaient la raison : « Je veux rester seule avec mon Dieu et réfléchir sur le terrible jour de mon jugement et sur mon Juge tout-puissant. » Puis elle se mit à prier en pleurant et en demandant à Dieu de lui pardonner ses péchés.

Le 18 novembre, elle se confessa pour la dernière fois. Comme son confesseur lui demandait quelles étaient ses dernières volontés, elle répondit : « J'ai renoncé à tout depuis longtemps; je n'ai gardé que ce qu'il fallait pour payer ce que je devais et pour faire l'aumône.

Distribuez aux pauvres ce qui me reste, excepté cette vieille robe usée dans laquelle je veux être ensevelie.

Sainte Élisabeth meurt religieuse à Marbourg :
Elle entend les anges chanter avec elle les louanges de Dieu.

Une de ses suivantes la suppliant de lui laisser un souvenir, elle lui donna le manteau de saint François.

« C'est le plus précieux bijou que j'aie possédé, lui dit-elle. Il est déchiré, rapiécé et misérable; mais, chaque fois que j'ai voulu obtenir une grâce et que je me suis mise en prières couverte de ce manteau, Jésus-Christ a toujours daigné m'accorder tout ce que je lui demandais. »

Après avoir reçu les derniers sacrements, Élisabeth resta longtemps en prières; ensuite elle se mit à parler de Dieu avec tant d'amour que ses suivantes fondirent en larmes.

« Ne pleurez pas, filles de Jérusalem », leur dit-elle, comme Jésus-Christ avait dit aux femmes qu'il rencontra sur la route du Calvaire.

Quelque temps après, Élisabeth était là, immobile, et cependant on entendit une harmonie délicieuse sortir de ses lèvres fermées. Comme on s'en étonnait : « Ne les avez-vous pas entendus ceux qui chantaient avec moi, dit-elle. J'ai chanté comme j'ai pu avec eux. »

C'étaient sans doute les anges qui étaient venus chanter avec elle les louanges de Dieu.

Vers minuit, son visage devint tellement resplendissant qu'on pouvait à peine la regarder. « Parlons de Dieu et de l'Enfant Jésus, dit-elle, car voici minuit! Voici l'heure où l'Enfant Jésus naquit, où il fut couché dans la crèche et où il créa une nouvelle étoile que nul n'avait encore vue. Voici l'heure où il vint racheter le monde; il me rachètera aussi »; puis elle s'écria : « O Marie, venez à mon secours!... Le moment arrive où Dieu appelle ses amis à ses noces. Silence, silence!... En prononçant ces mots, elle baissa la tête... Elle était morte.

Un doux parfum se répandit alors dans l'humble chaumière, et on entendit chanter dans les airs les chœurs des anges, qui recevaient l'âme de cette riche princesse devenue pauvre mendiante pour l'amour de Jésus-Christ. C'était la nuit du 19 novembre 1231. Élisabeth avait vingt-quatre ans.

CHAPITRE LXII

FUNÉRAILLES

Pendant que son âme sainte était allée voir Dieu, le corps d'Élisabeth, couvert de sa pauvre robe usée, fut porté dans la chapelle de l'hôpital, là, où elle avait coutume de prier.

Le peuple accourut en foule contempler la Sainte, dont le visage avait repris toute sa beauté. Tout le monde pleurait, tout le monde voulait avoir de ses reliques. Une suave odeur continuait à s'échapper de son corps.

La nuit qui précéda les funérailles, on entendit au dehors une harmonie qui étonna vivement. L'abbesse de Wechere, qui était venue chanter l'office des morts, sortit, et voici qu'elle aperçut sur le toit de l'église une foule d'oiseaux d'une espèce inconnue, qui chantaient délicieusement. Tous les assistants en furent dans l'admiration.

Le lendemain, les funérailles furent célébrées. La foule pleurait, mais chacun espérait que la Sainte, si occupée

Sainte Élisabeth glorifiée dans sa mort
est portée solennellement à la cathédrale.

de ses pauvres sur la terre, ne les abandonnerait pas dans le ciel, et ferait tomber sur eux toutes les bénédictions de Dieu. Et en effet, deux jours après les funérailles, un religieux étant venu s'agenouiller sur le tombeau de la Sainte, fut aussitôt guéri d'une maladie dont il souffrait depuis quarante ans.

Souvent, pendant sa vie, Élisabeth allait au couvent de Reynhartsbrunn prier sur le tombeau de son mari. Or, elle y rencontrait un bon frère convers, qui était le meunier du monastère. Vous savez, mes enfants, que les frères convers sont des religieux qui, n'étant pas assez instruits pour lire, écrire, etc..., font le travail manuel du couvent. Or, ce frère convers était très saint et très mortifié, au point qu'il portait toujours sur la peau une cuirasse de fer. La duchesse l'aimait beaucoup; un jour elle exigea de lui la promesse de prier pour elle, disant qu'elle-même ne l'oublierait pas devant Dieu. Quelque temps après, une aile du moulin le frappa et lui fracassa tout le bras. Il souffrait cruellement, mais avec patience. Une nuit, il était en prières, quand tout à coup il vit apparaître, revêtue d'habits royaux et resplendissante de beauté, la duchesse Élisabeth qui lui dit avec sa douceur accoutumée : « Que fais-tu, mon bon frère Wolkmar, et comment cela va-t-il? »

D'abord effrayé de la lumière qui l'environnait, le bon frère reconnut vite Élisabeth : « Madame, lui dit-il, comment, vous qui étiez ordinairement vêtue d'habits si misérables, avez-vous aujourd'hui des robes si belles et si éclatantes?

— Ah! dit Élisabeth, c'est que j'ai changé de condition. » En effet, c'était le 19 novembre; Élisabeth venait de mourir.

Elle prit la main droite du frère, celle qui avait été brisée par le moulin; aussitôt cette main fut guérie.

Les pauvres et les malades venaient comme autrefois à Marbourg, et demandaient à Élisabeth leur guérison. Ils la priaient avec la même simplicité qu'ils lui demandaient autrefois l'aumône. « Chère dame sainte Élisabeth, disait un aveugle, guéris mes yeux et je serai toujours ton fidèle serviteur; je paierai chaque année de ma vie deux deniers à ton hôpital, » et sur-le-champ il était guéri.

« Chère sainte Élisabeth, disait un autre, guéris ma jambe, et je serai toujours ton zélé serviteur. »

« Sainte dame et duchesse Élisabeth, je te recommande ma pauvre fille, » criait un troisième.

Une mère ensevelissant le corps de son fils, s'écriait : « Oh ! bienheureuse Élisabeth, pourquoi ai-je perdu ainsi mon fils ? Viens donc à mon secours et fais-le revivre. » Un instant après la vie était rendue à l'enfant.

Une pauvre petite fille de cinq ans était atteinte d'une terrible maladie. Sa poitrine et son dos étaient couverts d'énormes tumeurs. Sa mère la fit porter au tombeau d'Élisabeth et y resta deux jours en prières. Voyant qu'elle n'était pas exaucée : « Je détournerai tout le monde de venir à ton sépulcre », dit-elle, et elle repartit vivement irritée; mais les cris et les douleurs de l'enfant l'ayant obligée à s'arrêter auprès d'une fontaine, la petite s'y endormit quelques instants.

En s'éveillant, elle raconta qu'elle avait vu venir à

elle une belle dame. Son visage était resplendissant; ses mains toutes blanches et fines, avaient passé sur les membres les plus endoloris de son corps. Or, cette dame lui avait dit : « Lève-toi et marche. »

Et l'enfant s'écria :

« O ma mère ! voici que je me sens délivrée de tout mal. »

Elles retournèrent au tombeau pour remercier la Sainte, et y laisser le panier dans lequel avait été apportée l'enfant.

Un jeune homme avait une maladie dans le dos, et ses jambes étaient paralysées. Il se fit traîner dans un chariot au tombeau de sainte Élisabeth. Son dos seul fut guéri ; et pendant qu'on le ramenait chez lui : « Sainte Élisabeth, dit-il, je ne retournerai plus chez toi, à moins que par ta miséricorde je ne puisse y aller sur mes pieds ; mais j'irai bien si tu me fais cette grâce. » Quelques jours après, il était complètement guéri.

CHAPITRE LXIII

CONRAD

Élisabeth, aussi généreuse du haut du ciel qu'elle l'avait été sur la terre, ne pouvait se contenter de donner la santé aux corps, sans avant tout donner la santé à l'âme.

Aussi le nombre des conversions obtenues par ses prières est plus grand encore que celui des guérisons.

Il n'y avait pas de crime que n'eût commis son beau-frère Conrad. Irrité un jour contre l'archevêque de Mayence, il se précipita sur lui, le prit par les cheveux, le renversa à terre et allait le tuer, quand ses serviteurs l'en empêchèrent.

Cela ne lui suffit pas ! Il ravagea les terres de l'archevêché, prit la ville de Fritzlar, et y fit mettre le feu. Toutefois, bientôt après, la grâce de Dieu toucha son cœur.

C'était sans doute Élisabeth qui priait pour lui. Il alla d'abord pieds nus à un pèlerinage voisin; ensuite il partit pour Rome, afin d'obtenir du Pape le pardon de ses péchés.

Pendant son séjour à Rome, il recevait chaque jour à sa table vingt-quatre pauvres qu'il servait lui-même. Le Pape lui donna l'absolution à plusieurs conditions, entre autres de faire publiquement pénitence sur les ruines de Fritzlar et d'entrer dans un Ordre religieux.

Revenu en Allemagne, Conrad alla aussitôt à Fritzlar trouver ceux des habitants qui avaient échappé au massacre et étaient venus chercher un refuge auprès des ruines du principal monastère. Il se prosterna tout de son long devant eux et les supplia, pour l'amour de Dieu, de lui pardonner. Il fit ensuite une procession pieds nus et une discipline à la main; après il s'agenouilla devant la porte de l'église et tendit la discipline à la foule des assistants, en disant humblement à tous ceux qui passaient qu'ils pouvaient la prendre et le frapper. Une vieille femme prit en effet la discipline et lui en donna plusieurs coups, qu'il endura avec patience.

Conrad fit de grandes aumônes pour expier ses péchés et entra ensuite dans l'Ordre Teutonique qui fut un des plus célèbres Ordres de chevalerie. Les chevaliers teutons étaient, comme les Templiers, des soldats tout à la fois religieux et soldats, dévoués à la défense de Jérusalem et des Lieux Saints.

CHAPITRE LXIV

CANONISATION D'ÉLISABETH

Lorsque quelqu'un a été très pieux et très bon pendant sa vie et que, après sa mort, tout le monde dit : « C'était un Saint, il a fait des miracles, » cela ne suffit pas pour qu'il soit permis de prier publiquement cette personne, de bâtir des églises en son honneur, etc... Pour cela, il faut être canonisé, c'est-à-dire, il faut que la sainte Église elle-même ait dit : Tel homme est un Saint, telle femme est une Sainte, jouissant d'une grande puissance auprès de Dieu; implorez son intercession.

Or pour que l'Église dise cela, il faut qu'elle soit très certaine de la sainteté des personnes, et voici comment elle s'en assure.

Tout le monde parlait de la sainteté d'Élisabeth; on en parla aussi au Pape, qui chargea des personnes très sérieuses de prendre des informations, de questionner tous ceux qui avaient connu Élisabeth, etc.

Conrad aida beaucoup ces personnes dans leurs voyages et leurs recherches.

Gutta, qui connaissait Élisabeth depuis l'âge de cinq ans, Ysentrude qui avait toujours été sa meilleure amie, Irmengarde, qui l'avait servie pendant son séjour à

Marbourg, furent successivement interrogées; puis on fit venir tous les aveugles qui voyaient, les paralytiques qui marchaient, les sourds qui entendaient, enfin tous ceux qui, par les prières d'Élisabeth, avaient été guéris d'une infirmité quelconque. On leur fit jurer que tout ce qu'ils disaient était vrai; on écrivit leurs récits pour les envoyer au Pape.

C'était en l'année 1235. Le Pape était à Pérouse. Conrad vint lui-même à la tête des autres envoyés lui apporter le récit des vertus de sa belle-sœur, et des nombreux miracles dus à son intercession : il y avait quatre résurrections.

Le Pape lut ce récit en présence d'un grand nombre de cardinaux, qui en furent émus jusqu'aux larmes. Le Saint-Père et ceux qu'il en chargea examinèrent longuement si tout ce rapport était vrai. Quand ils en furent bien convaincus, ils le lurent devant une grande assemblée de cardinaux; tous dirent qu'Élisabeth était Sainte, et qu'il fallait la canoniser.

On réunit ensuite le peuple, qui s'écria tout d'une voix : « Canonisation ! canonisation et sans délai ! »

Le pape fixa la cérémonie au jour de la Pentecôte, et Conrad se chargea des préparatifs.

Le jour de la fête étant arrivé, le Pape, précédé des trompettes et d'autres instruments, et accompagné des patriarches, des cardinaux, des évêques et de plusieurs milliers de fidèles, se rendit au couvent des dominicains à Pérouse. Le Pape, les évêques et tous les fidèles portaient des cierges. Quand la procession fut arrivée à l'église, le cardinal-diacre lut à haute voix le récit de la vie et des miracles d'Élisabeth. La foule répondit par les larmes et les acclamations. Le Pape invita les fidèles à la prière; tout le monde se mit à genoux. Le Pape entonna le *Veni Creator*, et, après qu'on eut encore prié, le Saint-Père, assis sur son trône et la mitre en tête, déclara qu'Élisabeth était *Sainte*. L'église retentit alors du son des orgues et des cloches, dont les tintements joyeux annoncèrent au loin la gloire de l'humble Élisabeth. On chanta le *Te Deum* avec enthousiasme, après quoi le cardinal-diacre dit à haute voix :

« Priez pour nous, sainte Élisabeth, *alleluia.* » On célébra le Saint Sacrifice de la Messe. Les cardinaux firent sur l'autel les offrandes du cierge, du pain et du vin avec deux petites tourterelles; enfin on ouvrit une cage remplie de petits oiseaux qu'on laissa s'envoler en liberté. Ces petits oiseaux qu'on lâche ainsi toujours, quand l'Église canonise un Saint, représentent le vol rapide des âmes qui s'élancent vers Dieu.

O mes enfants! j'espère que l'exemple de la chère sainte Élisabeth vous aura appris ce vol sublime. Volez, volez, je vous en prie, volez toujours vers le ciel comme ces jolis petits oiseaux.

CHAPITRE LXV

SUR LA TERRE

Pendant que vous volez vers le ciel, moi, mes enfants, je retourne un instant sur la terre pour y retrouver les enfants d'Élisabeth, et je les vois tous les quatre, le 1er mai 1236, venus à Marbourg avec leurs oncles et leur grand'mère pour prier leur sainte mère et assister à son triomphe. Douze cent mille chrétiens étaient accourus à Marbourg. Il y avait une foule de princes, d'évêques et de seigneurs. L'empereur Frédéric II lui-même était venu rendre hommage à l'humble Élisabeth.

L'empereur, pieds nus et vêtu d'une pauvre robe grise comme celle de la Sainte, portant cependant la couronne impériale, fendit à grand'peine les flots de la multitude qui environnait l'église. Autour de lui étaient les princes avec leurs couronnes, les évêques avec leurs mitres. L'empereur descendit le premier dans le caveau. Un parfum délicieux s'en exhala.

Aidés de l'empereur, les évêques soulevèrent le corps de la Sainte et le déposèrent dans la châsse. Quand la procession revint au milieu du peuple, et que les fidèles virent le corps précieux d'Élisabeth sur les épaules de l'empereur, des princes et des prélats, ils firent retentir l'air de leurs cris de joie et d'enthousiasme :

« *Voilà*, disaient-ils *celle qui vivante a méprisé la gloire du monde, qui a fui la société des grands, la voilà honorée magnifiquement par la souveraine majesté du Pape et de l'Empereur! Celle qui a toujours choisi la dernière place, qui s'est assise par terre, qui a dormi dans la poussière, la voilà portée, exaltée par des mains royales!... Et c'est bien justement qu'elle s'était faite pauvresse, et qu'elle a vendu tout ce qu'elle avait pour acheter le ciel !* »

On célébra le Saint Sacrifice de la Messe. A l'offrande, l'empereur plaça une couronne d'or sur la tête d'Élisabeth et voulant rappeler que, après la mort de Louis, il lui avait offert de partager son trône, il dit : « Puisque je n'ai pas pu la couronner vivante comme une impératrice, je veux au moins la couronner aujourd'hui comme une reine immortelle dans le royaume de Dieu. »

Tous apportèrent ensuite leurs offrandes : les femmes donnaient leurs bagues et toutes sortes de bijoux ; d'autres offraient des colliers, des missels, des ornements, pour la grande et belle église qu'ils demandaient qu'on bâtît en l'honneur d'Élisabeth.

Le lendemain, on ouvrit la châsse et on trouva qu'une huile d'une odeur délicieuse tombait goutte à goutte des os de la Sainte. A mesure qu'on essuyait ces gouttes, il en paraissait de nouvelles. Les assistants furent émerveillés ! « Quel beau miracle ! disaient-ils. Le corps d'Élisabeth distille une huile sainte et douce parce que toute sa vie a regorgé d'œuvres de miséricorde. » Il en coula surtout des pieds qui tant de fois avaient porté Élisabeth aux chaumières des pauvres, et partout où elle trouvait quelque misère à soulager. Combien d'âmes malades, combien de corps souffrants n'a-t-elle pas guéris par la charité et l'exemple de sa sainteté ! Que de milliers d'indigents n'a-t-elle pas nourris et rassasiés de son propre pain ! C'est donc avec grande raison que cette suave liqueur, cette huile odoriférante venait proclamer la sainteté de celle qui avait su briller d'un éclat si pur, guérir avec tant de douceur, nourrir avec tant de générosité et qui, dans toute sa vie, avait répandu un si riche parfum.

Cette huile précieuse fut recueillie avec soin et beaucoup de guérisons furent obtenues par son emploi. Oh ! que les enfants d'Élisabeth devaient être heureux en assistant au triomphe de leur mère! Combien ils durent la prier avec ferveur et combien de bénédictions elle dut répandre sur eux!

Qu'elle en répande aussi sur vous, mes chers enfants, et qu'elle vous apprenne à aimer Dieu et les pauvres comme elle les a aimés. Priez-la pour vous, et, si cette histoire vous a intéressés, remerciez-moi, en demandant à sainte Élisabeth de bénir ma fille, car j'ai une petite fille grande comme vous, grande comme les enfants d'Élisabeth. Je voudrais qu'elle fût bonne, pieuse, charitable comme la Sainte dont je vous ai raconté l'histoire.

Demandez-le pour elle. Pour devenir saints, nous avons tous besoin de la bénédiction des Saints.

TABLE

Paris. — Imprimerie Deguy, 8, rue François Ier.

www.ingramcontent.com/pod-product-compliance
Ingram Content Group UK Ltd.
Pitfield, Milton Keynes, MK11 3LW, UK
UKHW021103270726
13993UKWH00006B/422

9 782019 921026